貢献する心
ヒトはなぜ助け合うのか
上田紀行
瀬名秀明
大武美保子
谷川多佳子
長谷川眞理子
大橋 力
工作舎

はじめに——谷川多佳子

二〇一一年三月一一日の震災を経験したあと、私たちはこれまでと同じ地平に生きているのではないという実感がある。大津波で命を奪われた数多の方々の魂と身体の悲しみ、地震や津波で生活基盤を壊された方々の苦しみ、そしてあれほどの抵抗しがたい被害をもたらした原発……。こうした具体的な現実のなかで、私たちの生きる意味が問われ、科学や学問のあり方が再考されているように思う。

さまざまな領域で発展してきた科学や学問は何をなしうるのか。高度に専門化した諸分野は有効につながり、集積し合うことができるのか。そして私たちは生き方において、他者や社会とどのようにつながり合い、人々は助け合うことができるのか。

こうした問題に直面した私たちにとって、人間の貢献する心は深い根底に根ざしている。やさしさ、思いやり、利他心、……。他者たちとつながり、助け合い支え合うこと、さらには社会、そして地球へのつながり。それはまた、科学や学問においても、明らかにされていくのではないか。

そうした貢献する心について、生物的・文化的な起源を探り、将来のあり方、さらには文明における展望を見いだしていくきっかけをつくりたいと考えた。さまざまな分野で活躍なさっている方々をお招きしてシンポジウムを催した。六人のパネラーの学問分野は異なり、接近の視点と方法も別様である。しかし異なる角度からの話を積み上げていくなかで、共振やふれあいが生じ、独特なポリフォニーをなしている。ときには不協和音の入り混じったヘテロフォニーを聞き取ることもありながら、ときには分野の違いを超えていくような、また横断するような、紐帯や集合性も感じながら、ある深い流れができてきている。さらに、パネラー相互の議論や、会場の方々との質疑応答を通して、ある豊かな総合性がつくられていく。この知的空間のおもしろさ、楽しさ、ふれあう交流を読者の方々にお伝えできれば幸いである。

貢献する心――ヒトはなぜ助け合うのか●目次

*――本書は二〇一一年七月二六日に、東京・国際文化会館で開催されたシンポジウム「貢献する心の生物・文化的起源と将来」(オーガナイザー：谷川多佳子、共催：ホモコントリビューエンス研究所、協力：工作舎)における講演と討論会を元に再構成し、書籍化したものです。

*――講演の模様をYouTubeで配信しています。
[kousakusha@YouTube] *www.youtube.com / user / kousakusha*

貢献する心

——ヒトはなぜ助け合うのか

上田紀行
瀬名秀明
大武美保子
谷川多佳子
長谷川眞理子
大橋　力

「お互いさま」の絆をむすびあう――上田紀行

本日は、「貢献」「利他」をテーマとしたシンポジウムにお呼びいただいて、たいへんうれしく思います。

私自身これまでの二〇年間、いろいろな著作を書いてくるなかで、ずっと考えてきたのは、「貢献」とか「利他」に関係することばかりでした。そのことについて深く学びたいとは思っていたのですが、なかなか勉強が足りない面がありました。ですから今日は、私も三〇分だけ貢献するけれども、あとは元を取らせていただくというか、皆さんのお話を聞かせていただくのをたいへん楽しみにしてまいりました。

「癒し」と仏教的「利他」のこころ

私の本業は文化人類学者ということになっていますが、業界ではここ20年くらいは「癒しの上田さん」と言われてきました。私と会うと癒されるということがあるのかもしれませんが、「癒し」という言葉を最初にこの業界に持ち込んだ人間と言われております。「癒す」という動詞を「癒し」という名詞にした人間が二〇年前くらいに何人かいまして、そのなかで私の声が一番大きかったので、私が作ったということになっているようです。

あのとき「癒し」を商標登録しておけば、今頃どれだけ儲かったかと思うくらい爆発的ブームになりましたが、商品化された「癒しブーム」によって本来の「癒し」は矮小化されてしまいました。それで近年は、「生きる意味」とか、「現代社会は生きる意味の不況ではないか」などということを主張しています。

また、日本の仏教の再生ということも提言しています。日本にはお寺が七万六〇〇〇もあります。コンビニの二倍という数です。しかし、そのお寺の前を小学生が通るときに、「このなかには人々の苦しみを何としてでも救いたいという、まさに大乗仏教の菩薩の発願のある人たちが、お念仏やお題目を唱えたり、座禅をしたりしていらっしゃるんだなぁ」と、思うでしょうか？　本当にそう思えるようにならないか、と思案しています。これがブータンあたりになると、小学生からお年寄りまで、お寺の前を通ると国民全員が素直にそう思うわけですけれども、日本のわれわれは、「戒名一文字何万円」とか、「どす黒いやつがいるなぁ」と思う人はいても、「このなかには本当に利他の精神があって、人々のために貢献したいお坊さんがいらっしゃるんだなぁ」とはなかなか思えない。これは、七万六〇〇〇もあるお寺という文化的装置の大いなる損失であり、日本文化の大いなる損失と思うわけです。

何とか、お寺さんに本来の息吹を取り戻してほしいと願っておりまして、『がんばれ仏教!』（NHKブックス）などという本を書いたりしています。あるいは、宗派の異なるお坊さんが集まることはほとんどないのですが、やる気のある若手の僧侶たちに宗派を超えて集まってもらって、その名も「ボーズ・ビー・アンビシャス」という会合を開いております。ということで、二一世紀に生き残っていくために、「仏教頑張ってくれよ」というような活動をしているわけです。

貢献する心を育む社会設計

さて、今この時期に、こうしたシンポジウムが開かれたことは、たいへんタイムリーなことだと思っています。『「肩の荷」をおろして生きる』（PHP新書）という本のなかで、私は「日本社会が第三の敗戦期に当たっている」と書きました。今回の震災後に堺屋太一さんが『第三の敗戦』（講談社）という本をお出しになりましたが、堺屋さんの言う「第三の敗戦」は明治維新、第二次世界大戦の敗戦、そして今です。私はもう少し若いので、第二次世界大戦が第一の敗戦、つまり軍事的敗戦。第二の敗戦がバブルの崩壊で、これは経済的敗戦。そして第三の敗戦の現在は、この日本社会から信頼が失われた、安心が失われたという心の敗戦だという風に書いています。この本は東日本大震災が起きる約八か月前に出版したものですが、まさしく予言的な本になってしまいました。

みんな、一人ひとりが使い捨てだと自分のことを思っている。小泉純一郎元首相が小泉チルドレンに向かって、「お前たち議員も使い捨てなんだ」と言ったときに、私は猛反発しました。ところがワーキングプアの人たちの間では、小泉さんの支持率がどんと上がったのです。「人間が使い捨てだということをついに言ってくれた。正しい!」というわけですね。すっかり頭にきた私は東工大の一般教養の授業で、「はい、人間は使い捨てだと思う人は?」と問いかけたら、半分が手を挙げちゃいました。二〇歳の人間に、人間は使い捨てだと納得させてしまう。それはその子たちの責任ではなくて、われわれ大人たちが、小学校・中学校・高校と、まさにそういう事態を見せてきたからです。

この一五年間、失われた15年間というのは経済成長が失われただけではなくて、世のなかには勝ち組・負け組という区別があり、負けた人間は自己責任なのだから助けなくていいということにして、社会として支えるシステムも失った。使い捨てにされる人々を社会として支える姿勢を見せなかった点において、われわれ大人の責任があったと、反省しているわけです。

私たちのなかには利他心もあれば、ほかの人たちを嫉む気持ちも、また暴力性も潜んでおります。そのうち、われわれの利他心を引き出すような社会設計をするのか、あるいは暴力性や嫉みやほかの人の不幸を喜んだりする部分を引き出すような社会設計をするのか、大人たちの責任です。明らかにこの一〇数年は、他者の善きものでありたいという利他的な部分を引き出すような社会設計ではなかったと私は思っていて、今こそ、利他的な社会づくりへのスタートを切るべきだと考えています。

「貢献」とは何か、「利他」とは何か

さて、そういう意味で「貢献」ということを考えてみたいわけですが、ただ、社会科学の方から「貢献」ということを考えてみますと、非常に難しいことが分かります。というのは、「貢献」というのがそもそも何なのか、分からないからです。ほかの人が喜ぶことをするのが「貢献」なんでしょうか？

私には今、一歳・一歳・六歳という三人の娘がおります。親になって初めて、親はこんなに

子どもに好いてほしくておべっかを使うのか、親というのはこんなにも子どもに好かれたい動物なのかということに気付きました。子どもを喜ばせるためには、毎日チョコレートやお菓子をポンポンあげて甘やかせばいいわけです。娘が喜ぶという意味では、私は一見「貢献」しているようですが、おかげで虫歯はどんどんできるし、子どもの生活習慣病もこのごろ流行っていることだし、本当に貢献しているのかと疑わしくなります。

一方、「じゃあ、厳しく育てようか」といって、厳しくしすぎると、その子が思春期になって、アダルトチルドレンとかになって、「親が無条件の私を愛してくれなくて、枠にはめて、親が良かれという勝手なスキームを与えて、条件付の愛で私をがんじがらめにした」とか恨まれてしまうわけです。となると「貢献」とか「利他」とかいうけれども、一体何が「貢献」で何が「利他」なのかは分からない面があります。

しかし、この三月一一日、われわれは大きな震災、未曾有の津波を経験しました。私はそれに対して、耐え難い思い、引き裂かれるような思いを抱いて、この『慈悲の怒り　震災後を生きる心のマネジメント』（朝日新聞出版）という本を緊急出版しました。四月ぐらいに着想して、一か月半くらいで原稿を整備して、六月の終わりには書店に並べてもらうことができました。

われわれはこの震災に対して、たいへんショックを受けています。当然何か貢献したいとの思いがあるけれども、しかし、すごくもやもやしたものを抱えています。この本のなかで提案しているのは、まずは人災と天災をはっきり分ける。地震と津波という天災部分と、原発事故という人災部分をはっきり分けて、まったく違うスキームにおいて行動しなければいけない。その二つをごっちゃにしているから、こんなにもやもやしているんだということを、まず言っております。

あともう一つは、この原発事故に関しては、その原因を徹底的に考え直さなきゃいけないと書いています。先ほどの「人間の使い捨て」もそうでしたけれども、この原発事故というものに関しても、将来世代に莫大な負の遺産を遺してしまったということで、心が鬱々としています。それは私の娘たちに対しても、福島の子どもたちを見ていても心が痛みます。牛乳もちゃんと飲ませることができない、食べ物がこれだけ汚染された状況を作り出してしまった。それは、私の世代が二〇年前から「癒し」なんてことを言い、「生きる意味を」などと言いながら、原発を止めることができなかった、私たちの世代の責任を問わざるをえないということです。

しかしながら、よくよく考えてみると、じゃあ、原発はそれほど悪だったのか。事故が起こった今となってみればたいへんな悪としていいのでしょう。しかし「貢献」という点で考えてみれば、過疎の貧しい村に原発が誘致されて雇用を生み出し、クリーンで安いと言われたエネルギーで日本の産業を活性化して、新興国に輸出までしようとしていた。そうしますと、貧しい村に金を落とし、日本や新興国の産業を活性化し、皆がプラスの貢献をし合っていく。政府の公報に出てくるような路線を信じているのであれば、原発は皆が貢献しあって、幸せな世界を築いていくという、ある種の象徴のきわみでもあったわけです。

今ここにいない世代に対する貢献

しかしながら、この事故を経てわれわれが感じたことは、私たちが顔を見ることさえできないような将来世代の子どもたちに、大きな負の遺産を遺してしまったという悔恨です。つまり、ある人たちが貢献しあうということが、ほかの人たちにとっては大きな負の貢献、あるいは暴力性となって現われることがあるということです。

ですから、貢献というようなスキームを考えるときに、目に見えて、ここに生きている人間同士に対して貢献しあうということが、ここにいない人たちに対して、どのようなものをもたらすのかについて考えないといけない。

私のような文化人類学者の立場からも、異文化の人々や将来世代の人々のことは考えておかなければいけない。ここの人たちが貢献しあって、気持ちが良くて、幸せだということが、もしかしたら他者を踏みつけていることがあるかもしれないと、いかにして想像の翼を伸ばせるのかということです。

福島の原発事故であらわになったのはこういう問題です。一つは、私たち人間というのは、ある共同幻想を持っていて、「これがいいことだ」といろいろな行為をしています。しかしながら、その共同幻想というもの自体が、はたして私たちの世界全体を幸せにするものなのかというチェックが必要です。

特に、日本人はこの共同幻想というものに弱い性格を持っております。日常でも「空気を読め」とか言われますよね。空気が一度できてしまうと、それに対してNOがなかなか言えない。私が『慈悲の怒り』のなかで分析しましたのも、社会から信頼や安心が失われてしまった「第3の敗戦」から原発事故へという今日にいたる流れの理由と第一の敗戦の理由が非常に似ていることです。原発の事故を起こしてしまったような構造と、第一の敗戦である第二次世界大戦で負けてしまった原因が非常に似ているのです。

たとえば猪瀬直樹さんの『昭和16年夏の敗戦』（中公文庫）という本が参考になります。昭和一六年夏というと、真珠湾攻撃のほぼ半年前です。前年に内閣総力戦研究所という機関が作られて、各省や陸海軍、そして民間から三〇歳くらいの若手のバリバリのエリートたちが集められます。そして「仮に日米開戦が起こったら、どういうことになるか」をテーマにシミュレーションをしました。

その結果は絵に描いたように明らかでした。最初はインドネシアに石油を取りに行って、成功する。石油を取ってタンカーで運んでいるうちに、連合軍側にシーレーンが封鎖されて、どんどんタンカーが沈められて、本土に石油が届かずに戦局はジリ貧になりながら長期化し、最後にはソ連が不可侵条約を破って攻めてきて負ける。事実、このとおりに負けたわけです。この若者たちは、首相や軍の上層部を前にシミュレーションの結果を披露しているのですが、無視されてしまう。なぜ無視したのかというと、すでに「開戦ありき」の空気ができあがっていたというわけです。

さらに丸山眞男の「軍国支配者の精神形態」(『丸山眞男セレクション』平凡社ライブラリー所収)という論文から引用しています。戦後の東京裁判で大臣たちが尋問されます。木戸幸一内大臣、内大臣ですから昭和天皇の意向を反映している側近で、フィクサーと言われた人ですが、日独伊三国同盟について、賛否の態度を問われて、こう答えています。

「私個人としてはこの同盟には反対でありました」。

東郷茂徳元外相も、

「私の個人的意見は反対でありましたが、すべて物事にはなり行きがあります。……前にきまった政策が一旦既成事実になった以上は、これを変えることは甚だ簡単ではありません」。

小磯国昭元首相もこんなことを言っています。

「われわれ日本人の行き方として、自分の意見は意見、議論は議論といたしまして、国策がいやしくも決定せられました以上、われわれはその国策に従って努力するというのがわれわれに課せられた従来の慣習であり、また尊重せらるる行き方であります」。

国策がどこかで決まって、空気が確定してしまえば、首相であろうが外相であろうが変えられない。私というものを殺してその役割に邁進する、ということです。これは日本人としてすごく分かってしまうところがあります。

たとえば東京電力の社長が土下座をしながら謝っていました。当初、すべてを失った人の前で行脚しながら、お給料の二分の一を確保して、三六〇〇万はまだ自分に入るというふうにしながら、土下座をしていたわけですね。普通の感覚では、これって驚くほかない強心臓ですけど、一方で日本人なら、「わ、可愛そうね」と思ってしまうところがある。「前の社長たちは事故も起こらないで、退職金も全部もらっていったのに、たまたまこの時期に社長になっちゃって、ほんと、可愛そうな人だわね」と。だからちゃんと三六〇〇万も残しておいたのでしょう。

こういう考え方、空気が確定してしまえば、みんなが自分を殺してしまって言挙げをしないという日本社会の場合は、その空気というものがはたして貢献的なものであるのか、その空気というものが他者に対して暴力性を含んでいないのか、ということの検討が非常に重要になってくる。つまり、その文化的状況であるとか、ある意味ではわれわれの社会イメージであるとか、そういったことが重要だということなのです。

あともう一つ、ここで気付かされることがあります。それは、「貢献」ということを考えるときに、われわれは今ここにいますけれども、ここにいる、見える人間のことだけを考えていていいのだろうか、今ここにいない人とか、今ここにいないものも同時に考えなければいけないのではないかということです。たとえばこの原発の場合は、ここに今いない将来世代の、今はまだ生まれていない子どもたちのことも考えて行動しなければいけなかったのに、今目に見えているこの人たちの承認を得ることだけを考えてしまった。今ここに立って講演をしている私も、とりあえず目の前の皆さんからいい評価がほしいと思っている。そういうことだけで行動することが、これから生まれてくる世代に対しては「貢献」になるかどうか分からない。それは分からないけれど、常に目の前にある、今の関係というものに引っ張られてしまって、この外にあるものが見えにくくなるような構造を私たちの社会は持っているのです。

「恩徳讃」に見る報恩と感謝

この共同幻想を打ち破って、見えないものから自分を見ていくことが、私が研究している宗教の使命のひとつになります。ここで二人の宗教者、仏教者のお話をしたいと思います。

一人目は浄土真宗本願寺派の第二四代門主、大谷光真《こうしん》という方です。親鸞聖人の血が流れている、まさに真宗の中心におられる方ですが、麻布高校から東京大学出身という経歴もあってか、とても強い社会的関心を持つ、たいへん頭のいい方です。私は対談させていただいて出版をしましたが（『今、ここに生きる仏教』平凡社）、そこで大谷師に「阿弥陀様がいるということは、いったい貢献とか現世の関わりに、どういう変化をもたらすのか」と聞いています。真宗のお寺に行かれた方は、真宗の儀式では最後に恩徳讃《おんどくさん》というものを唱和するのをご存知でしょう。恩徳讃というのは、親鸞上人の和讃からきているものですが、「如来大悲の恩徳は、身を粉にしても報ずべし　師主知識の恩徳も、骨をくだきても謝すべし」というものです。如来というのは阿弥陀如来のことです。阿弥陀如来の人を救いたいという大きな慈悲に対しては、「身を粉にしてしまっても報ずべし」、つまり報恩ということですね。「師主知識」は、親鸞上人とか法然上人とかの、先輩である仏教者たちの、教えを伝えてくださっている恩徳に対して、「骨をも謝すべし」と。これをみんなで唱和します。

●浄土真宗本願寺派第二四代門主、大谷光真氏「右」との対談（写真提供：藤田庄市）

そこで、報恩感謝というけれども、誰に感謝するのか、と。その儀式に行くと、みんながうっとりと歌っていて、「ああ、阿弥陀様に感謝。私をこんなに救ってくださるっていう願いをもって、誓いをもってくださっている阿弥陀様にお任せして。阿弥陀様、ほんとにありがとうございました。ハイ、感謝」で終わり、みたいなふうに感じられる。でも、それでいいのか？　という質問を私が大谷門主にしたんですね。そうしたらご門主はこんなことを言っています。

「ご恩というのは、阿弥陀様に救われて仏になる救いをいただいているということですね。それに対して報じるといっても、阿弥陀様にまったくお返しすることはできないというか、返してもしょうがない。ですからその方向を変えて、世のなかに向かって自分のできることを精一杯する。第一義的には阿弥陀様に救われたという浄土真宗を、今度は周りに伝えていくことであろうと思いますが、必ずしもそこに留まらなくて、社会的な活動でも何でも、自分がいいと思ったことをする。自分の利益のためにではない、取引としての仕事でもないところに働きかける。私が味わっているというか、受け取っているのはそういうことです。何かを受け取ったからその人に返すという往復運動だと、横へも将来へも広がらないですよね。実際に阿弥陀様に向かって〈ありがとうございます〉というのは大事なことですし、それをおろそかにしてはいけないと思いますが、そのことを〈身を粉にしても報ずべし〉だとは私には感じられない。やはり自分の心身を働かせて、この世、あるいは次の世代に働きかけるということが大切なのではないでしょうか」。

これには私は驚きました。

「限定交換」と「一般交換」

ご門主はさらに「文化人類学にもそういう理論がありますよね」っておっしゃる。やっぱりこのご門主はすごい方です。文化人類学とか社会学には「社会的交換理論」といわれているものがあり、社会学ではマルセル・モースあたりから来ている「互酬性」つまり「reciprocity」という言葉があります。これは、こっちが贈り物をしたら、あっちが返す、それが社会のなかをまわっていく、そういうことを研究する分野です。「互酬性」には、「限定交換」と「一般交換」と二つあります。限定交換というのは、私があげたらその人が戻す。二者関係で、私があげたらその人が戻す、をくりかえしていく。お野菜をもらったから魚を返さないとね、ということを延々と続けていく。限定交換ですから二者だけの関係です。

一般交換というのは、私がこの人に物をあげたとして、その人からは私に直接は返ってこないんだけど、それがあちこちを巡って、いつか私に返ってくる。これが一般交換と言われるものです。これはレヴィ＝ストロースなどが、親族の基本体系で研究したところです。

それらの学者たちが言うには、限定交換よりも一般交換のほうが社会の信頼性は高いということです。それはそうですよね。この人にこれだけもらったから、この人にこれだけ返すっていうのは、その二人の信頼関係だけの話です。この人にあげたら、これが巡り巡っていつか返ってくると思えるのは、社会に対する信頼感が相当ないとできません。「お前にあげたんだから返せよ」って、言えないというか言わない社会なわけです。つまり、社会全体を信頼して、この人にあげるときは、まわりの社会の利他性のシステムによって返ってくるだろうと思えるので、無償で差し上げることができる。そうすると、いつのまにかどこかから返ってくるということですね。

あと時間軸も関係してきます。もしかしたら返ってくるのは私の代じゃないかもしれない。「お宅のお父さんにはものすごくお世話になりましてありがとうございました。あ、お坊ちゃんですか、いやぁありがたいですねぇ」なんていう人が法事とかお葬式のときに来ると驚きますね。ものすごく長いタイムスパンであっても、信頼が続いて、子々孫々に返っていくこともある。

一対一の互酬性に限るのか、社会全体なり地球全体で考えるのか、さらに時間軸も考慮するのかによって、「貢献」の巡り方が大きくちがってきます。

ダライ・ラマが語る愛と思いやり

次にダライ・ラマのお話です。私はダライ・ラマと対談させていただいて、本にまとめております（『ダライ・ラマとの対話』講談社文庫）。ダライ・ラマは、そもそも観音菩薩の生まれ変わりです。観音菩薩は何としてでも人間の苦しみを救いたいという慈悲の菩薩ですが、そのダライ・ラマが人間の根底には思いやりというものがあるといって、こういう意外なことを言います。

「人間のいちばん基本的な問題は、私たち人間は社会的動物だということであり、実際に社会を成り立たせ統合している要因は法律などではなくて、愛と思いやりだということなのです。われわれは法律やルールで強制されて一緒に暮らしているのではなくて、私たち自身から自然に発せられる思いやりによって一緒に生活を営んでいるのです。そのような愛と思いやりこそが私たちが住む社会を一つにまとめていくための正しい道であり、最も効果的な原動力となるものなのです」。

それに対し私が、「これは仏教のスキームでおっしゃるのですか？」と聞くと、「違う」と答えます。

「それは生物学的な理由と論理によっていなければなりません。生物学的な裏づけが決定的に重要だということを私はいつでも強調しています。私たち人間はこの世に生まれ落ちたそのときから母の愛によって計り知れないほどの恩恵を受けていて、母の愛情が新生児に対してたいへん大きな影響力を持っているのです。そして新生児の側から考えてみても、この母親という存在に完璧に依存することによって生き延びていくことができるのです。愛と思いやりはいかにして育まれるのでしょうか？　それは宗教によってでもなく、教育によってでもなく、法律によってでもなく、まさにこの生物学的な要因によっているのです」。

つまり、最初に私たちが生まれ落ちて、接する愛情・感情というものは、母の愛だと。だから私たち人間の基盤のいちばん底の部分には思いやりというものがある、とおっしゃるわけですね。

これは悩むところです。ダライ・ラマは本当に本質主義者としてそう思っているのか、方便として言っているのか。正直、どっちなのか分からないところがあります。本質主義的に言っているんだけれども、たとえば長谷川眞理子先生に伺ってみれば、はたして最初に育てられた思いやりとか愛情というものが基底にあるのかどうなのか議論があるところでしょう。

しかし本質か方便かはさておき、私はそれを聞いたときに「ああ、われわれがこの世のなか

●ダライ・ラマとの対話

で受けたものというのは、愛と思いやり。これこそ私がオギャーって生まれたときに、最初に接したことなんだ」とちゃんと響いてきた。仏教では、「方便力《ほうべんりき》」という言葉もありますので、効果としては同じ作用があるのではないかと思います。

良き種を蒔けば、いずれ芽がでる

あともう一つ、ダライ・ラマの話です。ダライ・ラマがアメリカで講演をしていたときにこんな質問を受けたことがあります。彼が感動的な講演をしたあとに、ひとりの学生が手を挙げて、「ダライ・ラマ、あなたは何でそんなに明るくて、僕たちを元気づけ、エンパワーリングな講演ができるんですか？　そして何でそんなにジョーク（私との対談でも、ジョークの連続です）を言えるんですか？　だって五〇年前に中国によってあなたの国は占領され、あなたは追放されて、二度と帰れないことになってしまった。それから、人権問題の研究書によれば、この五〇年間で一二〇〇万人ものチベット人が殺されているじゃないですか。何であなたはそういう絶望的な状況なのに、こんなに感動的に、僕たちをこんなに元気にさせてくれる、そして何でそんなにハッピーそうなのか教えてください」と聞いたわけです。

もう、それ言っちゃおしまいだろうという雰囲気になって、その場がシーンとしてしまった。ところがダライ・ラマはこう答えました。

「いい質問をしてくれて、どうもありがとう。私たちの仏教の根底にあるのは縁起という考え方です。すべての物事が単立してあるというのではなくて、すべての物事が関係性のなかにあるという教えです。つまり、因果関係のなかにあったり、あるいは共時性のなかにあったりという教えです。さて五〇年前、私たちのチベットは、まったくチベットの仏教のお坊さんたちもチベットのことしか考えていなかった。チベット人に伝わればいいという仏教をやっていました。政治家もそうでした。外のことをぜんぜん見ていない、鎖国をしていた。だから、中国から攻められて国が滅びそうになって、助けてと言ったけれども世界の誰も助けてくれなかった。しかし私たちは追放され、そこで勉強することによって、二〇世紀社会のいちばんの苦しみというのを私たちの仏教が救うことができる、あるいは救うとまでは言わないまでも、そのヒントになるということを確信しました。そしてそのことを、新たに再編集された仏教を説きだしたところで、皆さんもそうだと言ってくれて、ノーベル平和賞もいただいたのです。つまり、私たちの縁起の考え方からすれば、やはり、まずいことをやってしまえばまずいことが起きるし、しかしながら毎日毎日良き種を蒔いていけば、必ずやその良き種は芽を出していく、そのことを確信しているのです。ですから、本当にチベットが解放されるかどうか、それも私の目の黒いうちに解放されるかどうか分からないけど、こんな絶望的な状況のなかにあっても、私は今日あなたと会って、あなたからそんなに素晴らしい質問を受けて、そしてこうやってこのことを答えた。そのあなたと出会ったということは、必ずや良き種になる。それは素晴らしいことだ。そのことで一〇〇パーセント私は幸福だし、そして本当に良かったと思っているから、私はこんなにハッピーだし、こんなに元気だし、あなたと会ったことを喜んでいられるんですよ」。

私はその答えを聞いて、泣きそうになりました。

「貢献」というものが、ここに生きている人同士のものであると同時に、良き種を蒔いていくことで、ここにはいない人に対しても貢献できるかもしれない、という未来への貢献というレベルがあるということです。もちろんここにいない人に対しての貢献というのもやはり多義性があって、どういうことが貢献になるかは分からない。全てが貢献ということにはならないかもしれません。

しかしながら、ここにいる人だけの評価を得ていくのではなくて、いない人という一項を出して検討してみる。あるいは、ここにいない阿弥陀様という存在を考えていくと、人間というものは単に目の前の実利を取るばかりとはかぎらない。それをスピリチュアルという人もいれば、宗教という人もいるでしょうけれども、今ここでの合理的判断というのを超える、あるいはそれをディコンストラクトして一回元に戻して、もう一回リコンストラクトするような何ものかがある。そして来るべき「貢献」の分野というのは、単に目に見える実利の貢献のレベルのみならず、むしろリコンストラクトした地平において生じるものであると申しあげたいと思うのです。

ロボットは貢献心をもつことができるか――瀬名秀明

「思い」は見えないけれど

今年(二〇一一年)三月一一日に東日本大震災があり、東北の沿岸部は津波による甚大な被害を受けました。ぼくは仙台市内に住んでいて、当日は自宅でやはり大きな揺れを感じましたが、事務所へ行く途中の車内で「六メートルの津波が来ますからすぐに避難してください」とラジオのアナウンスを聞いたときは、さすがに息を呑みました。

津波の被害を受けた多くの方が、避難所での生活を余儀なくされたことはご存じの通りです。地震発生直後は仙台市内でもライフラインが途絶え、ガソリンも不足して、私たちも周囲の様子はよくわからず、遠くへ行くことは難しい状況でした。やがて道路状況が少しずつ回復し、東京からもボランティアやチャリティの方々がいらっしゃるようになりました。

四月二〇日、私は「ドラえもん応援巡回」のみなさんといっしょに、宮城県七ヶ浜町《しちがはま》や石巻市《いしのまき》の避難施設をまわりました。テレビアニメ『ドラえもん』をつくっている藤子プロ、小学館、アサツー ディ・ケイのみなさんが、被災地の子どもたちに楽しんでもらおうと始めた活動です。三日かけて東北のさまざまな津波被害地域を巡回するのですが、ぼくはその最終日に同行したのです。

ドラえもんとはご存じのように、二二世紀の未来からやってきた養育ロボット。まずドラえもんの着ぐるみが登場して、子どもたちや被災地で働くみなさんと写真撮影会をします。もちろん着ぐるみとは一言もいいません。本物のドラえもんが来たとアナウンスします。ある小学校では、会場となる体育館の入口に「ホントだよ! ドラえもんが○小にやってくる!」とボール紙に書かれた案内が飾られていました。現地のボランティアが丁寧に仕上げてくださったもので、スタッフ一同感激していました。その後、アニメ監督の渡辺歩《あゆむ》さんが書き下ろしたドラえもんの紙芝居をみんなに披露します。声は本物の声優さんたちがあてたCDで流しますから、子どもたちの目の輝きも違います。最後に、ドラえもんのマンガ本が避難施設に寄附されます。

避難生活の状況は、施設によって大きく異なります。体育館にそれぞれスペースを決めて、多くの人が共同で生活しているところもあります。紙芝居で大きな声を出せばご迷惑になってしまうかもしれません。スタッフはそれぞれの施設と話し合って、その場にふさわしい方法を考えて、紙芝居をするわけです。

子どもたちが熱心に紙芝居に見入る様子が印象的でした。ある避難所では、終わった後に、「ドラえもん、あしたも来てね」と子どもに声を掛けられて、胸が熱くなりましたね。別の避難所ではぼくに折り紙をくれた女の子もいました。感謝の気持ちをそうしたかたちで表現してくれたのです。

「こころ」は　だれにも見えないけれど
「こころづかい」は見える
「思い」は　見えないけれど
「思いやり」はだれにでも見える

東日本大震災以降、公益社団法人ACジャパンのCMで何度も紹介された、宮澤章二さんの詩集『行為の意味　青春前期のきみたちに』からの抜粋文です。これはなかなか深い言葉で、本日はロボットの「貢献心」について考えてゆくわけですが、やはり貢献心も行動というかたちになって初めてわかるところがある。ロボットの「思い」をどうつくるか、というのは哲学的な問題も含んで一筋縄ではいかないものですが、「思いやり」ならロボットの行動としてデザインできるかもしれない。つまり「貢献心」という問題に対して、ロボティクス（ロボット学）の側面からどんなアプローチができるか、現実的な側面と哲学的な側面から考え直してみようというわけです。

「他人を思いやるあたたかい心を……」

いま「思いやり」というキーワードを出しましたが、実は今年（二〇一一年）三月に公開されたドラえもんのアニメ映画『映画ドラえもん 新・のび太と鉄人兵団～はばたけ 天使たち～』は、偶然にもこの「思いやり」をテーマとした作品でした。

震災後、映画ドラえもんの公式ウェブページには、次のようなメッセージが掲載されました。

忘れないでね。
いつでも、どんなときでも

ドラえもんが、のび太やしずかやみんなが、
キミたちのこころにいるっていうことを
明日への希望、
未来への勇気を忘れないで
それが藤子・F・不二雄先生の…
私たちの…
心よりの願いです。

――『映画ドラえもん』製作委員会

今年の映画は一九八六年に公開された『映画ドラえもん のび太と鉄人兵団』のリメイク作品です。漫画家の藤子・F・不二雄先生は一九八〇年以降、亡くなる直前まで毎年長いドラえもんのお話を毎年一作ずつ描かれました。これはその七作目に当たります。

ドラえもんというと日常のほのぼのギャグを思い浮かべる方も多いと思いますが、「大長編ドラえもん」シリーズではふだんと違ったスケールの大きい冒険が描かれます。原作コミックのジャケットにガンダムのような巨大ロボットが描かれていることからわかるように、なかでも

この『鉄人兵団』はリアルロボットアニメの流行を大胆に取り込んで、当時のファンの度肝を抜いた野心作でした。いまでもこれを大長編ドラえもんシリーズのベストに推すファンもいるほどで、そうした人気を受けて、今年、寺本幸代監督によってリメイク版がつくられたわけです。これまでも何度かリメイク作品はありましたが、今回は古参ファンも納得の、すばらしい作品に仕上がっています。震災で多くの映画館が被災し、首都圏でも計画停電があって、子どもたちが接する機会が少なくなってしまったのは残念でした。

ドラえもんとのび太は、あるとき北極で、ふしぎなボールを見つけます。そのボールは次々と奇妙なパーツを呼び寄せる能力をもっていて、パーツを組み合わせると巨大なヒト型ロボットができあがるのです。のび太たちは嬉しくて、鏡面世界という別の世界をつくってそこで操縦して遊ぶのですが、実はおそろしい武器をもったロボットだと気づいてしまう。

やがてリルルという謎の少女が現れて、巨大ロボットを返してくれと詰め寄ります。実は彼女自身も精巧につくられたロボットで、巨大ロボットとともに遠いロボットの惑星メカトピアから派遣されたスパイだったのですね。物語が進み、リルルは大けがをして、静香ちゃん(しずちゃん)に助けられます。しかしそこでしずちゃんは、リルルの本当の目的を聞きます。彼女の故郷メカトピアでは、ロボットはみな平等だという意識が高まり、《神様》のお心に沿って地球の人間を奴隷にしようという考えが生まれたのだと。メカトピアの兵団はすでに地球に向かってきており、ドラえもんたちはロボット兵団を鏡面世界に誘い込んでなんとか応戦しようとしますが、けがをした(つまり壊れかけた)リルルをどうすればいいか、みんなわからなくなってしまう。リルル自身も親切に介抱してくれたしずちゃんに心を動かされつつ、しかしドラえもんたちの作戦を知りながら故郷メカトピアを裏切ることはできないと、板挟みになってしまう。

今回のリメイク版の公開にあたって、ぼくも『小説版ドラえもん のび太と鉄人兵団』(小学館)という本を書く機会に恵まれました。藤子・F・不二雄先生の原作に一か月間向き合って、やはり改めて感動したのは、この物語が「思いやりの心」というテーマへ収束してゆくことの深さです。

たとえば、大けがをしたリルルをどうするか、のび太たち五人が懸命に議論するシーン。スネ夫は恐れを抱いて、「完全にこわしちゃえ!!」と主張します。スネ夫のいい分は筋が通っている。しずちゃんは「ひどいことをいうのね!!」と怒りますが、情緒的な反応です。ジャイアンは「でもさ、そいつら地球征服に……」ともどかしそうにいい、のび太は腕を組んで「しかし…、こわすってのはどうも…」と悩みます。彼らはここで、「本当の思いやりとは何か」という難問にぶつかり、小学生なりに考えてゆくことになるのです。

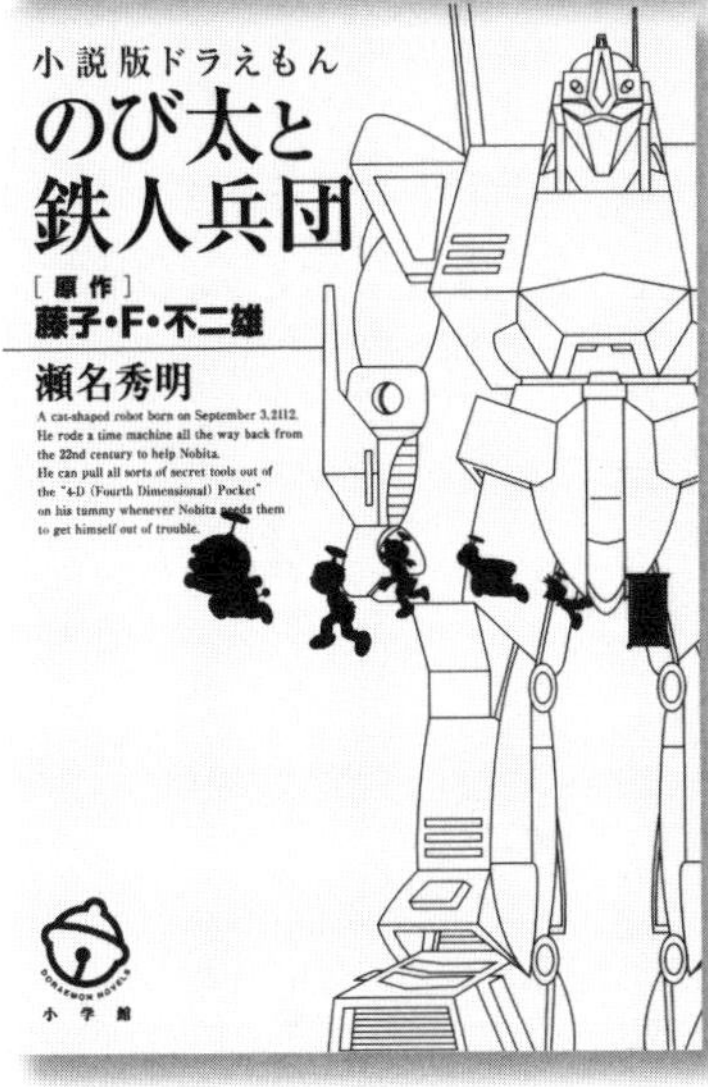

●原作マンガ『大長編ドラえもん　のび太と鉄人兵団』［上］と、
瀬名秀明氏による
『小説版ドラえもん　のび太と鉄人兵団』［下］

物語の結末をしゃべってしまうのは反則ですが、本日のテーマに直結しているのでご容赦ください。いよいよ鉄人兵団との最終決戦となったとき、メカトピアが三万年前に《神様》によってつくられたことを知ったしずちゃんは、リルルを伴ってタイムマシンで建国前のメカトピアへ行き、ロボットのアダムとイヴ（アムとイムと呼ばれます）をつくった科学者を説得して、地球で暴れている鉄人兵団をなんとかしてもらおうとするのですね。老博士がとった行動は、自分が手塩にかけてつくり上げたアムとイムの心を改造するというものでした。

無人の惑星でロボットたちの天国をつくろうとした博士は、アムとイムの頭脳に競争本能を植えつけていました。社会の発展のためにと考えた措置でしたが、博士はしずちゃんの話を聞いておのれの過ちに気づき、自らのいのちを振り絞るようにして改造作業に取りかかります。

「他人を思いやるあたたかい心を……。なんとか改造を完成するだけの体力が残っていればいいが」

この改造によってのび太たちが戦っていた鉄人兵団も消えてしまうのですが、同時にそれはリルルもこの世から消失することを意味していました。リルルはそのことを知りながら、途中で力尽きた博士のあとを継いで、アムとイムの改造を完成させるのです。

「貢献心」という本日のテーマと強く結びついている物語であることが、おわかりいただけると思います。《神様》であったこの老博士が三万年前に願った「他人を思いやるあたたかい心」とはどんなものだったのか。私たちはロボットの「貢献心」をデザインすることができるのか。まずは本当の「思いやり」とは何か、というところから私たちは進んでゆく必要がありますが、その段階を超えた向こうには次のようなテーマも浮かんできます。

「貢献心は本能である」という立場から、レスキューロボットをデザインできるか。
人間の「貢献心」をサポートできるロボットはつくれるか。
ロボット独自の「本能」に基づく「貢献心」はあり得るか。
ユートピアは設計できるか？

小説版を書いたのは東日本大震災の前でしたが、いまもこの物語を思い出して多くのことを考えます。

滝久雄先生（ホモコントリビューエンス研究所代表理事・会長）のご著書『貢献する気持ち』（紀伊國屋書店）は予習として読ませていただきました。「貢献心は本能である」というところから議論がスタートしていますね。ならば私もそこから始めたい。

まずは比較認知心理学や認知発達心理学の知見を参照しつつ、私たちの「思いやり」を捉え直してみたいのです。

本当の「思いやり」とは何か

心や知能について書かれたポピュラーフィクションの邦訳本を読んでいると、しばしば混乱してわけがわからなくなります。それは日本語の「心」という言葉と英語の「マインド」のニュアンスが微妙にずれているのに、翻訳という作業によってその違いが見えにくくなってしまい、つい日本語の感覚で英語圏の議論を読んでしまうからでしょう。心や情動に関する言葉は、日本語のほうが曖昧で、広い事象を取り込んでいて、とても豊かな文化をつくっているのですが、こうしたシンポジウムで安易に使ってしまうと「あなたの話している〝心〟っていったい何?」と混乱して、言葉の定義だけで時間が浪費されてしまいます。

英語は心の言葉に関してぱきっとわかりやすい定義があることが多く、議論のきっかけとしてはいいだろう、ということで、まずは人間の発達段階に即して次の三つのフェーズで考えてみます。

乳幼児はだっこしているお母さんが笑うと、いっしょになってにこっと笑う。よく見る光景ですが、これは赤ちゃんが喜びを理解しているというよりは、お母さんの表情に共鳴していると考えた方がいいでしょう。

しかし子どもは小さいうちから、それこそ「本能」として生まれもった心の働きを発揮します。「シンパシー」という英語を考えてみましょう。オックスフォード現代英英辞典(第7版)を引くと次の説明があります。

——sympathy：かわいそうと感じている気持ち。理解し気遣おうとするさま。

二種類の定義が見られます。まずは感情の状態(feeling of being sorry)です。そして一方では、相手に対して気遣おう(care)とする自分の行動(showing)が関わってきます。

類似の言葉である「コンパッション」も見てみましょう。

——compassion：苦しみ(suffering)に見舞われている人々に対し、助けたいと思う強いシンパシーの気持ち。

シンパシーの気持ちが強くなって、助けたいという欲求が募ってきたのがコンパッションであるわけです。キリスト教ではイエスが人々と痛みを分かち合い、ともに苦しんだことを「キリストの憐れみ(The compassion of Christ)」と教えています。

ではシンパシーという情動が私たちの「思いやり」なのか。結論づける前に、もうひとつ、「エンパシー」の語義も見てください。

―

empathy：他者の気持ち、体験などを理解しようとする能力。

たんなるフィーリングではなく、能力(ability)という言葉が使われていることに注目してください。シンパシーは「共感」、コンパッションは「同情」、エンパシーは「感情移入」と訳されることもあるようですが、ニュアンスが微妙に違うことがおわかりいただけるでしょう。ここから先は混乱を防ぐために、英語の意味で、カタカナで、心の輪郭を捉えてゆくことにします。

これらはどれも私たち人間が生物進化の歴史のなかで授かった心的システムだと思われますが、しかし大切なのは私たちが社会のなかで成長し、心を育んでゆけるということです。そうした過程のなかで、私たちはシンパシーやエンパシーをより効果的に、より豊かに使える力を備えてゆくのだといえるでしょう。それが社会的な知能でもあります。

シンパシーはふと気づくとそうした気持ちになっている、つまり受動的なものであるのに対して、エンパシーはこちらから立場の異なる他者の気持ちを忖度《そんたく》してゆく能動的な力だと定義されている点にも注意してください。ここを区別することで、よりはっきりとわかることがあります。

たとえば看護学で「共感的理解」というキー概念がある。患者さんとどのように心を通わせるかという話なのですが、実はこれ、英語ではempathic understanding、エンパシーなんです。一方で「共感疲労」という言葉がある。今回の東日本大震災でも、ニュース漬けになった多くの人たちが共感疲労に陥ったんじゃないかという議論がありました。これは英語でいうとcompassion fatigue、コンパッションなんですよ。同じ「共感」と訳されているためにややこしくなっていますが、英語ならクリアに理解できますよね。誰かが苦しんでいるときにまずシンパシーの気持ちになる。そして助けたいと思う。行動に移したいと思う。でもあまりにシンパシーに絡め取られてしまって、熱意が空回りし、バーンアウトしてしまう。それが共感疲労であるわけです。ではそんなときどうしたらいいか。自分を客観視することでシンパシーから抜け出し、対象からあえて一歩引いて、エンパシーで接してみることが大切でしょう。

有名な動物行動学者フランス・ドゥ・ヴァールに『共感の時代へ』（紀伊國屋書店）という著書があるんですが、この原題はThe Age of Empathyで、エンパシーの重要性について説いた本なんですね。ところが日本語では「共感」と訳されていて、ニュアンスがずれてしまっている。タイトルだけ見て「ああ、そうだよね、共感って大切だよね」と日本人が納得してしまう内容と、ドゥ・ヴァールが主張していることはかなり違う。エンパシーについて論じているんだとわかった上で読まないと議論の本質を見失ってしまう。彼はこの著書で、他者の気持ちを忖度する能力がロシアのマトリョーシカ（入れ子細工人形）のように重層的に進化したのではないかとの見解を記しています。いちばん内側は多くの生きものがもつ自動化されたプロセスで、外側に行くほど哺乳類、霊長類が獲得したものになってゆくというのです。

さあ、本当の「思いやり」とは何か。こうして定義を読み直してみると、私はシンパシーだけではないと思うのですね。シンパシーという心の状態から、助けたいと強く思い、行動に移したいと願うコンパッションを経て、エンパシーの能力で他者を理解してゆく。この一連の流れ、とりわけエンパシーの能力が、私にはもっとも重要だと考えられるのです。

このことは歴史的にも大きな意味をもっているようです。先日、苅部直さんから、政治哲学者ハンナ・アレントの『革命について』（ちくま学芸文庫）をご紹介いただいて読みました。アレントはアメリカの独立革命とフランス革命を比較して、アメリカ独立革命は革命として成功だが、フランス革命は失敗だといっている。なぜか。革命というのはそもそも自由を創設することだとアレントはいうのです。アメリカ独立革命はちゃんとそれをやった。しかしそれをお手本にしたフランス革命は、自由の創設ではなく貧困を救うという方向にシフトしてしまった。だから革命としては失敗だというのですね。

なぜ貧困に行ってしまったのか。もともとルソーが情緒的な感覚を重視しており、その思想を受けた政治家ロベスピエールが人民の心をひとつにまとめるために、コンパッションというものを使ってしまったからだ、とアレントは多くのページを割いて分析しているのです。それがさらに、ピティ(哀れみ)へと移行してしまった。だからだめだったのだとアレントは述べている。

これはきわめて示唆的で、私たちは東日本大震災でたくさんのニュースを見て、たくさんの死者に心を痛めました。しかし刻々と変わる状況の中で、どんなときにどんな心持ちであることが大切だったのか、いま一度考えてみる必要があります。現場に応援で入った医師たちのなかには、夜になると大勢でお酒を飲んで気持ちを切り替え、翌日に備えるグループもあったそうです。そうすることでエンパシーの能力をきちんと保持して、現場の厳しさに向かっていたわけです。

最初のうち、私たちは強いシンパシーに絡め取られて、とにかく義援金を送らなきゃ、助けに行かなきゃ、と焦ったかもしれません。それが心の疲れをもたらしたときもあるでしょう。しかし私たちにはエンパシーの能力があるのです。こうしたことを考え合わせると、どのような心で被災地と向き合えばよいのか、よりくっきりと見えてくる。エンパシー自体に行動は含まれないわけですが、しかしシンパシーを基盤としたコンパッションだけよりも、それを踏まえた上でエンパシーから発生したあなたの行動は、より〝靭《つよ》い〟ものになっていることでしょう。それが人間の発揮できる真の「思いやり」であると、私は考えたいのです。

メカトピアをつくった博士は、「思いやりのあるあたたかい心を……」といってロボットのアムとイムを改造しました。生まれ変わったメカトピア社会にとって、思いやりの心とは《神様》が授けてくれたものなのですね。この描写も深いと思いませんか。なぜなら私たちの思いやりの心もまた、この地球をつくった《神様》によって、つまり生物進化の過程によって獲得されたと考えられるからです。

ロボットは「貢献心」をもつことができるか

ここまでは実をいうと他の本でも述べたことです。いよいよ本題に入りましょう。「思いやり」をロボットに実装できるか。ロボットは「貢献心」をもつことができるか。さらに先の問いまで見据えてみましょう。もしあなたがメカトピアの《神様》で、ロボットに「思いやり」や「貢献心」を授けることに成功したとして、本当にユートピアは生まれるのか。

大きくふたつの方法論があります。最初に述べたように「思いやり」とは本来見えない「思い」がかたちになったもの。「思いやり」をつくるならやはり「思い」のデザインに踏み込まなければならない、とする立場がひとつ。もうひとつは、「思いやり」（表現）に「思い」（内面の実際）は不要と割り切る立場です。とくに災害現場でのロボットの貢献を考えたとき、とにかくしっかり貢献してくれればいい、「貢献心」を問うていたら間に合わない、「思い」はロボット開発者の心の中にあれば充分である、という意見も正当性をもつでしょう。

かつて哲学者の大森荘蔵は著書『流れとよどみ』（産業図書）の中で、私たちが正気の人間である限り、他人に心を「吹き込む」ことをやめないのだ、と印象的に指摘しました。この「吹き込み」によってお互いの人間はお互いを人間にするのだというのです。私たちのシンパシーの気持ちやエンパシーが、そうやって社会をつくっているのですね。私たちが架空世界に暮らす架空の人物の物語を愉しめるのもまた、こうした心の働きがあるからでしょう。

そしてこうした能力は、人間をどこかで想起させるロボットにも向けられるはずなのです。ならばロボットに「思いやり」があるかどうかは観察者の判断に任せればよく、ロボット開発者はきちんとプロフェッショナルな責任のもとで、役に立つロボットをつくればよい。ロボットに心があるか、といった難問は棚上げにして、ロボットの行動をつくり込むことで、あたかもそこに「思いやり」や「貢献心」があるかのように見せる仕掛けを施す。そういう方法論は充分にあり得るわけです。

どのようなときに私たちはロボットに心的イメージを重ねやすいのか。いくつかのアプローチがあります。手塚治虫さんの鉄腕アトムでは、人間と見紛うような人工皮膚が開発され、それがロボットの外観を覆うようになったことで、ロボットが一気に社会に普及した、という設定になっています。世界との接点である外観や手触り、あるいは人肌のような温かさやロボットの眼力など、ロボットに心を「吹き込む」ためのさまざまな因子が研究されています。重力感や物体としての慣性といったものも、やはり物体である自分自身と相手を重ね合わせるのに大切な要素となるでしょう。

あるいはまったく別のアプローチですが、ロボットにキャラクターづけをする、というアイデアもあります。

高校野球のテレビ中継で、その高校を紹介する手づくり感覚のビデオが流れると、親近感が湧いて、応援したいという気持ちも強くなり、そのチームの特長や得意な戦略もわかってきますよね。ロボットコンテストの番組でも開発者の思いがわかるとロボット自体への愛着も湧いてくるでしょう。製作者の顔が見えると、こだわりや見所といったものが理解しやすくなり、よりクリアにロボットの特徴が感じられてくるものです。

最初に紹介した『のび太と鉄人兵団』でも、興味深いエピソードがあります。スネ夫はミクロスというホビーロボットをもっているのですが、ドラえもんはミクロスにしゃべったり考えたりできる自律的な知能を与えて、のび太と喧嘩しているスネ夫たちをとりなそうとします。藤子・F・不二雄先生の原作漫画では、ミクロスは人間並みの知能を与えられたことになっているのですが、一九八六年の旧作映画では、「スネ夫並みの知能」と台詞が変更されました。物語としてのわかりやすさを採用したのでしょう。しかし人類はコンピュータやロボットに「人間並みの知能」を与えようと長年努力してきましたが、まだ達成されていません。そもそも「人間並み」って漠然としていると思いませんか。ところが「スネ夫並みの知能」といわれたらどうでしょう。たくさんのイメージが湧いてくるのでは。小狡かったり、見栄っ張りだったり、でもつねに真実を見抜く目をもっていたり。いっそ「スネ夫並みの知能」をつくると目標を立てたほうが、結果としてはるかに人工知能として実現可能性が高そうに思われるのです。

既存の物語を借用する手もあります。産業技術総合研究所や川田工業らがつくった〈HRP-2 PROMET〉はアニメ監督・出渕裕さんのデザインですが、それを見れば出渕さんが関わった歴代の傑作アニメが自然と思い出されます。初音ミクのコスプレをした〈HRP-4C〉なんてのもあって、やはり初音ミクというヴァーチャルアイドルの背景が、そこに重ねられることになるのです。

しかし残念ながら現在の科学や技術では、ヒト型のロボットを〝成長させる〟ことは非常に難しい。

キャラクターとは一面的ではなく、永遠に歳を取らない側面と、時間の経過とともに成長してゆく側面があるはずです。『鉄腕アトム』の天馬博士は、交通事故で亡くなった息子の生き写しとしてアトムをつくりますが、アトムは本物の人間と違っていつまでも成長しない。天馬博士はそれで絶望してアトムをサーカスに売り飛ばしてしまう。

早稲田大学の故・加藤一郎教授は一九七三年に学際的なプロジェクトとして世界初の本格的なヒト型ロボット〈WABOT-1〉をつくりました。このとき加藤教授はロボットの能力をわかりやすく説明するため、「〈WABOT-1〉は、いうなれば一・五歳の子どもです」と表現しました。それから四〇年近く経ったいま、認知発達ロボティクスの分野の研究が進んで、赤ちゃんロボットを成長させるプロジェクトも成果を上げています。しかしはたしてロボットは一・五歳より成長したでしょうか。ひょっとしたらロボティクスは、一・五歳をより精巧に表現することはできたかもしれないけれど、それ以上に成長させることは、まだできていないのではないか。

《神様》はユートピアをつくれるか

私たちが成長するのは、時間の経過とともに新陳代謝を繰り返し、身体をつねにつくりかえ、生きて死ぬサイクルのなかにいるからです。そうした時間のなかで私たちは社会的な体験を重ね、他者とコミュニケートし、おのれの能力を洗練させてゆくわけです。環境世界で物理的な時間が流れてゆくのと合わせて、私たち人間は心的に、おのずから〝時間〟を発見してゆく。それが生きていることの鮮やかさになる——こうしたことは吉田健一の晩年のエッセイ『時間』（講談社文芸文庫）で書かれている通りです。

一方、ロボットはいまなお所与の時間しか与えられていない。では今後、ロボットは自ら

〝時間〟を感じられるだろうか。

なぜ時間が大切かといえば、私たちが焦りやせわしさによって〝時間〟を忘れたとき、真の「思いやり」や「貢献心」も失われるように思われるからです。

瞬発的なシンパシーは、多額の義援金を被災地にもたらすでしょう。しかしそれで本当に、私たちの「思いやりの心」は果たされたといえるでしょうか。刻々と変化する事態に対して臨機応変に、しかし靱さをもって向き合い続けてゆくためには、「おのれが時間とともにある」と感じられる力が大切なのではないか。

●「貢献心は本能である」という立場から、レスキューロボットをデザインできるか。

という問いについていえば、もちろんごく瞬発的な「本能」をロボットに組み込んで、そうした振る舞いを実現させることはできるでしょう。しかし人を助けたいという本能は、自らも生きているからこそ切実なものとなるのかもしれません。

●人間の「貢献心」をサポートするロボットはつくれるか。

むしろこちらのほうが工学的課題としてはわかりやすい。私たちのシンパシーとエンパシーのバランスをうまく調節してくれる道具があれば、いまよりもっと豊かに「貢献心」を発揮できるかもしれません。人と人のコミュニケーションをサポートするロボットの役割は、まだ充分に研究されていない、今後が期待される分野です。このとき少なくともシンパシーやエンパシーを定量する技術が必要になってくるかもしれません。私はSF小説でそうした未来像を描いたこともありますが、まずは姿かたちや動作の心的なイメージと、その内面的な重ね合わさりといったものが、指標になってくるでしょう。重力感や慣性の感覚が手がかりになるかもしれない、と個人的には思っています。

●ロボット独自の「本能」に基づく「貢献心」はあり得るか。

いかがでしょう。あなたがメカトピアの《神様》だとします。あなたは「思いやりのあるあたたかい心を……」ロボットのアムとイムに育てようとします。しかしロボット社会における「思いやり」は、私たち地球人の「思いやり」と同じものだといえるでしょうか。

ロボットは原理的に、いかようにでも設計者の意図でかたちをデザインできるという大きな特徴があります。実際、三万年後のメカトピア社会でも、鉄人兵団のような無骨な大型ロボットや、総司令官である昆虫型のロボット、リルルのような人間そっくりのロボットなど、さまざまなロボットがひとつの社会をつくっていたわけです。生きものとは異なる彼らロボットには、私たちとは別種の「本能」が備わっている可能性もある。たとえば物語の中でも、彼らは仲間が壊れる（死ぬ）ということに、あまり重要性を感じていない節が見受けられます。しかし一方で、ロボットはみな平等であるという人権（ロボット権）の確立には到達している。互いに姿は違えども、他者の苦しみ、理不尽さといったものは理解できているのです。

他者に貢献するかのような振る舞いを見せる群ロボットを設計することは、おそらくそんなに難しくないでしょう。何らかの刺激を受けたとき、利他行動をするような「本能」をプログラムしてやればいいのです。しかし「思い」そのものに立ち向かうなら、先にも述べたようにロボット自らがまず〝時間〟を発見し、その〝時間〟の中で自らシンパシーとエンパシーを使いこなしてゆく、そのプロセスが大切なのではないか。そこから振り返ったとき、彼らのもっている「本能」は私たちと異なる独自のものであったということはあるかもしれません。ちょうどコウモリと鳥と翼竜がみんな違う骨格をもっているにもかかわらず翼をもつように、心のありかたも収斂《しゅうれん》進化する可能性はありますよね。

●ユートピアは設計できるか？

さあ、最後に難問が残りました。仮に「思いやりのあるあたたかい心」があったとして、仮に「貢献心」があったとして、本当にユートピアを実現できるのか。メカトピアの《神様》は、「おまえたちで天国のような社会をつくりなさい」と願ってアムとイムを設計しました。しかし皮肉なことに、私たち人間の《神様》も、そう願っていたかもしれません。私たちは「思いやりの心」をもっています。でもどうでしょう、この世界はユートピアになっていますか。私たちの《神様》は、やはり心のパラメータを、ちょっとばかり調節し損なったのでしょうか。どんなにうまく調節しても、ユートピアなんて実現不可能かもしれないじゃないですか。

藤子・F・不二雄先生が二五年前に突きつけた問いです。きみたちはどうするんだ、きみたちの手でユートピアはつくれるのか。つくれないなら過去に戻って、心の進化をやり直すしかない。

メカトピアの《神様》であるあなたは、アムとイムの何を、どこまで、デザインするか。まずあなたの惑星が宇宙の物理法則に則っているという大前提に立ちましょう。たとえロボットであろうと彼らは惑星の中心に向かって重力を感じ、動けば慣性の法則に身を委ねるでしょう。それが彼らの最初の身体性となるはずです。よって《神様》は、

生存に直結する「本能」と、
発達・表現できる「身体」と、
社会の中で育める「行動」に分けて、

それぞれをデザインしようとするでしょう。

このとき、少なくとも模倣可能な、共有できる身体運動性が与えられているはずです。相手と心を重ね合わせ、相手の心を推測するには、自分と類似した身体性で、相手の振る舞いやかたちをイメージできなければ難しいと思われるからです。

この点、私たちの地球に特有の議論なのか、より普遍的なものなのか、意見が分かれることでしょう。少なくとも重力感や慣性の法則が目立つ物理社会では、一般的であるように思うのですが、確信はもてません。しかしいかようにでもデザインできるロボットという特性を考え合わせたとき、メカトピアのロボットたちの心が私たちの心の輪郭と異なっていることは充分に考えられると、これまで示してきた通りです。

ロボットは現実的な物理法則のもとで、存在目的に応じて自在に手足を伸ばしたり、クローラー型になったり、モジュールをつけ替えたりすることができるわけです。物理法則に反しなければ、どんなかたちを取ってもいい。そうした「自由」が原理的に与えられた中で、ロボット社会の本当の自由とは何か、という複雑な問題もここには含まれているでしょう。

そして〝時間〟という問題。いつかロボットが自ら時間を感じ取れるようになったとき、そのとき初めて心と世界の関係性というものが、理解されるのだろうという気がしています。私たち人間は比較認知心理学という学問分野でこうした問題を扱っていますが、それでもまだわからないことはたくさんある。チンパンジーやニホンザルだけでなく、そこにロボットが参加したとき、より広い視野で私たちは知能や情動を比較検討できるようになります。もうそうした未来に、私たちは足を踏み入れつつあります。

ロボットは彼ら自身によって自由を創設できるか。これは究極の、ひょっとしたら「思いやり」や「貢献心」の問題とも直接つながる、もっとも重要なテーマかもしれません。昔からロボットが叛乱をおこすSF物語はたくさんありましたが、本当に彼らが「思いやり」をもったとき、彼らの叛乱は真の革命となるのかもしれません。

可能なら人工現実の世界で、エージェントたちが本当に「自由」を創設するかどうか、革命のシミュレーションを何度も繰り返してみてはどうでしょう。実は藤子・F・不二雄先生の漫画には、「自由」の創設とまではいかないものの、よりよいユートピアの実現を目指して第二、第三の世界をつくろうとする、激烈でシニカルなヴァーチャルリアリティものが少なからずあるのです。「大長編ドラえもん」シリーズでは、一般に失敗作といわれている第一六作の『のび太の創世日記』も、まさにそうした最晩年の野心作でした。

ロボットは「貢献心」をもつことができるか。それはすなわち、私たちが「貢献心」をいかに捉え、デザインするか、という問題です。今年、『映画ドラえもん 新・のび太と鉄人兵団』を観た子どもたちは、きっと今後も東日本大震災を思い出すたびに、「本当の思いやりの心とは何だろう」と考えることでしょう。「ぼくなら、私なら、どうやって他人を思いやるあたたかい心をつくれるだろうか」と、想像を巡らせることでしょう。彼らが大人になったとき、日本のロボティクスは新しい時代を迎えるのだと思います。

視点をつなぐ「ふれあい共想法」——大武美保子

貢献学を目指すサービス学

ふれあい共想法の研究を始めた出発点は、サービスを設計することを通じて、人が社会に貢献する手順を与える学問である、サービス学に寄与する研究を志したことにあります。サービス学は、近年起こりつつあるサービス工学、サービスサイエンスという、工学とビジネスの境界領域で提唱されている新しい分野を拡張した、著者独自の概念で、本書のテーマである貢献と関係があります。そこで、ふれあい共想法という柔らかい概念の背景にある、サービス工学とサービスサイエンス、そしてサービス学について、ご紹介したいと思います。

サービスサイエンスは、これまで経験と勘に基づく職人芸で作られてきたサービスを、モノのように確実に分析し、設計できるように体系化することを目指すものです。[★01] 二〇〇四年に米国競争力評議会がまとめた報告書の中で、競争力の源泉となるイノベーションを起こすために、サービスサイエンスという新しい領域を作ることが提唱されたことがきっかけとなり、世界的な潮流の一つとなっています。この報告書は、IBMのCEOであったパルミサーノが議長として取りまとめたため、パルミサーノ・レポートと呼ばれています。サービスサイエンスは、もともとビジネスの一分野であったサービスマネジメントが出発点となり、それを拡張するものとしてSSME(サービス・サイエンス・マネジメント・エンジニアリング)とも呼ばれます。

一方、サービス工学は、よいモノを作っているだけでは立ち行かなくなってきた製造業からの要請に応え、モノだけでなく、モノが使われる環境を含めたサービスを丸ごと作る方法論を目指すものです。★02 従来、モノを作ってきたと考えられてきた製造業も、実はモノを通じて生活を豊かにするというサービスを提供してきました。具体的には、優れた家電、自動車などの「製品」の供給を通じて、よりよい暮らしという「サービス」を提供していると言えます。当初は、製品の性能がサービスの質を決めていました。ところが、製品の性能が基本的に要求される水準を超えた現在、よりよい暮らしとは何かという原点に、改めて立ち返って考える必要が出てきたのです。

前者のサービスサイエンスは、サービス業が製造業を、後者のサービス工学は、製造業がサービス業を、それぞれ志向していると言えます。両者がそれぞれに向かって融合しようとするイメージです。

サービスは、個人と社会をつなぐ、その間ぐらいにある存在で、個人と社会をつないでいる中間スケールの人工物と言えます。個人の側からサービスをボトムアップに設計し、社会を形作ることも、社会の側からサービスをトップダウンに設計し、個人に影響を与えることもあります。サービスの意味について考えてみたところ、日本語に翻訳される前のServiceには、役に立つこと、奉仕、世話、貢献、尽力、といった意味があることに気づきました。特に、ボトムアップの設計について考えると、個人はサービスの設計と普及を通じて、社会に貢献することができると考えられます。従って、業種や業態にとらわれず、幅広い意味で、人が社会にサービスする、即ち、貢献する手順を与える学問としてのサービス学を考え、サービス学に貢献する研究に取り組みたいと考えました。サービスを作るという観点でサービス工学に位置づけられると同時に、モノづくりにとらわれず、最初からサービスを考える点でサービスサイエンスにも位置付けられます。社会の閉塞感を建設的に打ち破りたいと考える個人、特に学生が、学ぶことを通じて、社会に貢献するとは何か、どのような手順で貢献すればよいか、考えて実行に移せる学問を作りたいと考えたのです。

個人は、サービスの提案と提供を通じて、社会の問題を解決する、あるいは近づけることができます。問題が生まれてから解くのでは遅いので、問題を作らないで済むようにする方法や、問題を作り出している構造自体を明らかにし、構造を変えることで、問題そのものをなくす方法を考えることも含めて、問題の解決と考えています。たとえば、貧富の差を作っておいて、困っている人を助けるのではなく、そもそも貧富の差を作る構造自体を断ち切るといったことを目指します。課題に着目するだけでは後ろ向きですので、いまだ気づかれていない機会や価値を見出し、増幅する手順を見つけることも、サービス学の重要な研究テーマです。

抽象的に論じているだけでは、具体的な手順を示すことが難しいと考え、自分でもサービスを作っています。個人から出発してボトムアップに社会に働きかけるサービスを作ることを通じて、サービスを作る上で必要な考え方や手順を明らかにする、構成的アプローチで研究を進めています。予測可能な未来の一つに人口構造の変化があり、二〇五〇年には人口に占める六五歳以上の高齢者の割合が四〇%を超えることから、確実に必要とされるサービスの一つが、認知症予防回復支援サービスです。人間の認知機能に直接働きかけるという点で、サービス学を作るための基礎的な研究課題になると考え、取り組むことにしました。

従来のモノの設計では、モノに必要とされる機能から出発して、機能を満たす機構を考え、機構を実現する構造を考えます。モノを作った後は、誰かが売ってくれると考え、そこからはマーケティングの問題として切り分け、住み分けします。

これに対しサービスを設計する際は、サービスというコトを中心に、コトを確実に発生させたり、コトが確実に発生するよう支援するモノを作ります。そして、コトを作るヒトを育て、あるいは、コトを作るモノを作って、使えるヒトを育てます。ヒトをたばねて育てるネットワークを作り、活動全体を包括するライフスタイル、ビジネススタイルを作ります。考え方や行動を規定するルールを考えます。作るだけでなく、使われ方、すなわち、運用する方法を設計します。モノ、コト、といったミクロレベルから、ヒトやネットワークの考えを形作るスタイルやルールといったマクロレベルまでを包括的に設計する、マルチスケール設計手法を提案し、実装例を示しています。

認知症予防回復支援サービスにおいて、コトに相当するのが、私が考案したふれあい共想法です。ネットワークとして、ほのぼの研究所を設立して、活動しています。コトを出発点に、コトとネットワークを両輪にして、サービスを進化させていきます。★03・★04

認知症の不思議

認知症に興味を持つようになった原体験として、私の祖母が認知症になり、不思議な応答をするようになったことがあります。もともと、人間がものを考えたり感じたりする仕組みに興味があり、認知症を発症する途中で、仕組みが興味深い形で変化していくのを目の当たりにしたのです。誰だか分からないけれども話を合わせることができたり、話しているうちに誰だか分かってくる場合もあります。本当に分からないのかすらよく分からない、分かっているふりをしているようにも、分からないふりをしているようにも見えるという、何とも不思議な状態です。そもそも、認知症の有無によらず、分かるとは何なのかを考えさせられます。

何もないと、話が繰り返しになり、堂々巡りになります。写真があると話題が広がり、さらに、聞いたことがない話も出てきます。それでうまく質問すると、聞いたことがない答えが返って来て、認知症になる前にも聞いたことがない新しい話がどんどん飛び出します。写真と会話が記憶を呼び覚ましていきます。見ないと思い出せないことが見れば思い出せることがあります。また、聞かれないと思い出せないけれども聞かれれば答えられることがあります。これは、認知症がなくても起こることで、自力で探索できる記憶の範囲は、実際に取りだしうる記憶の範囲より狭いのです。

環境と相互作用することによって、より積極的には、他者と対話することによって、一人では取り出せない記憶を取り出すことができます。脳のシステムは、単体で機能するだけではなく、他者が働きかけることによって機能が発揮される場合があります。自分で記憶を取り出すエネルギーが低下している時も、周囲から働きかけることを通じエネルギーを与えることで、記憶を取り出しうるのです。

見れば思い出す、聞かれれば答えられる、さらに、話そうとしたり後で見ようと撮影すれば覚える、という記憶の働きをシステマチックに引き出すのが共想法で、私が二〇〇六年に考案しました。

脳と筋肉は使い方次第

認知症について考えると、分かるということ、覚えるということについて再考を迫られます。普段分かる、覚える、思い出せるとはどのような状態で、どのような機構が変化すると、分からなくなったり忘れてしまったり、あるいは、覚えることができなくなるのでしょうか。仕組みを構成的に理解することを目指しつつ、実際の人間に効果的に働きかけることができるかどうか、様々な対象者に共想法を実施し、確かめることにしました。

認知症を防ぐには、様々なアプローチがあり、大きく分けて、生理的アプローチと認知的アプローチがあります。生理的アプローチは、食事と運動により、代謝をよくして、栄養が脳に行きわたるようにするというアプローチです。一方、認知的アプローチは、知的活動や社会的交流など、脳の働かせ方を工夫するアプローチです。前者は、ハードウェア、もしくは、肉体としての脳をどのように作るか、後者は、ソフトウェア、もしくは、精神の基礎となる脳をどう使うかに関係があります。聞かれれば答えられる、見れば思い出す、といった機能を引き出すことは、脳をどう使うかという使い方の問題に帰着されます。脳の場合、適切に使うことで栄養が供給されて、結合が強化されることから、使うことが作ることになります。

肉体は使い方次第で長持ちもすれば早く壊れもするということは、脳以外の、たとえば、胃で考えると直感的に分かります。暴飲暴食すれば、腹八分目に食べる場合よりも胃が早く壊れる可能性が高くなります。人によって胃が丈夫な場合も虚弱な場合もあるので、同じように暴飲暴食しても、いつどのように壊れるかは人によって異なります。このようなことは、脳にも当てはまります。脳についても、早く壊れやすい使い方と、壊れにくい使い方とがあり、壊れやすい使い方をした場合でも、実際に壊れるまでの時間には個人差があります。

認知症には、二大原因疾患として、脳血管性障害とアルツハイマー病とがあり、全体の約八割を占めます。前者には、脳血管の状態を良好に保つ生理的アプローチが有効で、後者には、生理的アプローチに加え、廃用による機能低下を防ぐ認知的アプローチが有効とされます。脳や筋肉と他の臓器の大きな違いは、目や耳などは、基本的に使わない方が長持ちするのに対し、脳や筋肉など可塑性が高い臓器は、適度に使った方が長持ちするということです。このため、バランスよく認知機能を活用する課題を考え、その課題を遂行することは、ちょうど筋肉において全身をまんべんなく動かし、適度に負荷をかけて、動きをなめらかにすると同時に筋肉を太くすることに相当します。

年を取ると、全身の代謝が低下するため、基本的に省エネになっていきます。脳においてエネルギーを節約するとは、できるだけ脳を働かせない、具体的には、脳に負荷がかかる課題に取り組むことを避けるといった形で現れます。負荷を避け続けた結果、適度な負荷がかかった時のみ使われる部位の結合が弱まったり、細胞数が減ったりして、つかさどる認知機能が低下する危険性が高まります。

低下しやすい認知機能と会話

年を取ると低下しやすいことが知られているのが、複数のことに注意を向ける注意分割、体験を記憶する、計画を立てる、という三つの課題を遂行する認知機能です。これらの三つの認知機能を必要とする課題を意識して行うことで、少なくとも使わないことが原因である機能低下を防ぐことができます。ここまでは、厚生労働省が発行している認知症予防ハンドブックに書いてある公式見解です。★05

ここからは、多くの高齢者を含む全世代の人と接した上での観測事実です。三つの課題は、年齢によらず、日常生活の中でよく遂行する人としない人とがいるということです。たとえば、計画を立てることは、誰もが行っているわけではなく、計画を立てることが得意な人や好きな人、計画を立てる役割を与えられた人が行っていて、それ以外の人は、立てられた計画に乗って活動していることが多いのです。体験を記憶することも同様で、同じ体験をしても、後々まで覚えている人とすぐ忘れてしまう人とがいます。忘れやすい人は、よく覚えている人に頼って、忘れても教えてもらいながら過ごしていることがあります。複数のことに注意を向けることについても、よく気がつく人と、よく気がつく人に指摘されたら動く人とがいます。人が複数集まって、役割分担しながら活動している限り、もともと持っているはずの認知機能をすべて活用しなくても集団としてまとまった物事を成し遂げることができるのです。

年を取ることに伴い、活用する認知機能の種類を選択し(Selection)、選択した認知機能の組み合わせで最適化し（Optimization）、低下した認知機能を補う（Compensation）とするSOC理論が知られています。[★06] これは、広範な認知機能を対象とする活用戦略に関する理論ですが、三つの認知機能についても当てはまります。

　ここで、日常生活の中でも会話という場面で考えると、計画力は話す場面で、注意分割は聞く場面で、体験記憶は話すと聞くの両方の場面で活用されると考えられます。しかし、ことに高齢者同士の会話において、よく話す人とよく聞く人、あるいは、話さない人と聞かない人の役割が分化していることがよく観察されます。この時、計画力、注意分割、体験記憶のうち、一部しか活用されないことになります。

　これに対し、会話において、よく準備して話すことで計画力を、話題の切り替わりに注意しながら聞くことで注意分割を、写真を見ながら自らの体験に基づいて話したり聞いたりすることで体験記憶を、それぞれ活用することができると考えられます。そこで、三つの認知機能をフル活用することを意識しながら活用することを目的として、会話の場を設定するのが共想法です。

共想法の定義

共想法は、以下の二つのルールで定義される会話支援手法です。

［1］――あらかじめ設定されたテーマに沿って、写真やイラスト、時に音楽や実物などの素材と共に話題を、参加者が持ち寄ること

［2］――順序と持ち時間を決め、話の時間と質問の時間とを設けて、話し手の写真または素材を交互に映し出しながら、話し手は話すこと、聞き手は聞くことに集中し、聞き手と話し手の役割を明示的に切り替え、参加者に均等に、話す、聞く、質問する、答えるの四種類の機会を与えること

第一のルールは、テーマを設定した上で、テーマに沿った写真を参加者が持ち寄ることです。時にはイラストや音楽、実物でもよいのですが、一番持ち寄りやすいのが写真ですので、基本的には写真です。井戸端会議では、少し前まで話していたことを次の瞬間忘れてしまうということがよくありますが、共想法では、何を話すかを考えて持ち寄るので、話した方も聞いた方も後々まで覚えています。

第二のルールは、順序と持ち時間を設定することです。先に述べたように、話す人と話さない人に分かれてしまうのを防ぐためです。会話において、話す量をある程度揃えます。歩くことであれば万歩計があり、何歩歩いたかが分かりますが、普段の会話では、参加者が一人ずつどのくらいの量を話すかが分からないためです。認知課題として会話をするので、話す量、聞く量を整えます。さらに、持ち時間の中で、話の時間と質問の時間に分けると、話の時間は確実に話し、質問の時間のうち、自分の話に対して答える時間は、聞かれれば思い出せる、という体験をすることができます。

このように、少しだけ交通整理した会話を、共想法形式の会話と呼びます。ルールだけ聞くと当たり前に聞こえますが、日常会話において自然に成立するのかどうか、普段話すことと聞くことのバランスが偏った高齢者が、意図した形で参加することができるのかどうか、さらには、認知症のある高齢者や高次脳機能障害者が参加することができるのかどうか、一つずつのケースについて確かめています。いずれのケースにおいても、参加者がそれぞれの認知機能に応じた形で会話に参加することができ、特に日頃あまり参加できない人ほど参加できます。認知症で失語や記憶障害のある参加者が、聞かれて答えることで言葉を見つける場面が観察されています。

●**写真1**——共想法を実施している様子

共想法の実施

標準的には、持ち時間一人五分で、六人くらいのグループで、一人につき写真を三枚持ち寄って頂きます。話の時間を一巡三〇分、質問の時間を一巡三〇分、合計一時間程度で終わります。デモンストレーションとしては、一人写真一枚、持ち時間一分、というように、簡易に行うこともできます。

写真1は、共想法を実施している様子です。スクリーンにプロジェクタで写真を映し出して、会議をしているように見えますが、実は日常会話をしています。

ふるさと旅行近所の名所というテーマで写真と話題を集めると、近所の隠れた名所、花の名所などについて知ることができます。また、ある参加者にとっての旅行先は、別の参加者にとってのふるさとであることも多くあり、同郷の人が見つかって盛り上がることもしばしばです。週一回ずつ、もしくは二週間に一回ずつ、四回に分けて、四つの異なるテーマで一回一時間ずつ実施するのを、標準的な入門プログラムとして、「ふれあい共想法」プログラムと呼んでいます。

準備と実施を支援するウェブシステム「ほのぼのパネル」を開発しています。あらかじめ参加者毎に写真を登録しておきます。会話への参加者と写真、持ち時間と順序を設定すると、スムーズに写真を提示し、時間を過ぎるとタイムオーバーの表示により、持ち時間が終わったことを参加者に知らせることができます。このシステムを用いて、各地における実施研究を支援し、また、同時にデータと知見が蓄積してきています。一連の実施をチームを組んで行える仕組みも重要であり、そのような仕組み作りも、サービス開発の一環として行っています。

視界の共有を通じて視点の違いに気づき、獲得する

共想法では、ある人から見える視界を切り取った写真を持ち寄り、同じ写真を見て会話をします。写真を撮った人の視点から見える世界、すなわち、視界を追体験することができます。この時、目から脳に入る信号がほぼ同じになりますので、何も見ない場合よりも脳内の状態が、聞き手と話し手の間で互いに近づくと考えられます。ところが、会話をして確かめてみると、同じ写真を見ていても、異なるところに注目していたり、異なる感情や記憶が引き出されていたりして、理解や解釈が異なることが分かります。見えるものをそろえることによって、見え方と見方の違いに気づくことができるのです。

写真を見ている聞き手は、写真を持ってきた話し手の視点にどこまで迫れるかに挑戦するよう聞くことが求められます。同じものを見たら同じように感じたり考えたりするという思い込

みを捨て、自分からどのように見えるかではなく、その写真を持ってきた人からどのように見えるかを意識します。具体的には、話の時間に相手からどのように見えるのかを聞き、質問の時間に、話し手が何を感じ、どのようなことに気づいたのかを、聞き手が丁寧に確かめるようにします。確かめる過程で、聞き手の視点と話し手の視点が異なることが分かると、聞き手が新しい見方を知るだけでなく、話し手も気づかなかった新たな見方に話し手が気づいたり、新たな事実を知ることもあります。

一人ひとり、自分の視点から逃れることは難しいわけですが、他者の視点と、その視点から見た視野を直接共有することで、自分の視点を相対化することが可能になり、他者の視点を獲得することができるという希望が生まれます。聞き手と話し手が相互の視点の違いに気づき、聞き手と話し手がそれぞれ、それまで持っていなかった新たな視点を獲得することができると、聞き手も話し手も、新たな視点を通じて視界が拡張され、同じものを見ても違って見えるようになります。視野が広がり、発想が柔らかくなることが期待されます。

共想法における視点の取り方

他者と自己との視点の違いを特に意識しない普段の会話では、相手の話を自分の視点で理解したつもりになり、視点の違いに気づかないことがほとんどです。落語のこんにゃく問答のように、同じ状況に対して、まったく異なる解釈を加えているにもかかわらず、お互いにそのことに気づかないこともあります。[★07・★08] 共想法においても、自分の視点に囚われていると、他者の視点に気づいたり獲得する機会を逸してしまいます。写真をスクリーンに大写しすることで、相手から見える視野に没入することができ、特に意識しなくても、自然に相手の視点に集中できることが多いです。しかし、普段の会話の習慣から抜けきれない場合もあるので、意識して切り替える必要がある場合もあります。共想法は、自己と他者の関係を意識するというより、自己の存在を小さくして、他者の傍らに寄り添ったり、他者の中に没入して内側からの視点で見ることを、仮想的に試みることを目指す、新たなコミュニケーションスタイルを提案します。そこで、相手から見える視界を通じて、〝想〟いを〝共〟有することを目指す、〝共想〟法における、新たなコミュニケーションスタイルを模式的に表したものを図1に示します。

図1［左］は、聞き手として話し手の話を聞く時、聞き手が肩乗り鳥になったことをイメージして聞くことです。これは、自己の存在を小さくして、他者の傍らに寄り添うことを目指すことに対応します。聞き手は人間であり、肩乗り鳥になれるわけではないのですが、意識としては肩乗り鳥になったつもりで、限りなく話し手に近い視点を共有するように努めます。同様

に、話し手は、聞き手が自分の肩に乗って一緒にものごとを見聞きすることをイメージして話します。肩乗り鳥に話しかけるように、同じ視界を共有しながら、自分の見方を聞き手に伝えます。

図1［右］は、聞き手として話し手の話を聞く時、聞き手が意志を持つ巨大ロボットの運転席にいて、運転席からの眺めを共有しながら、巨大ロボットの声を聞くことをイメージして聞くことです。これは、自己の存在を小さくして、他者の中に没入して、内側からの視点で見ることを目指すことに対応します。聞き手も話し手も、ほぼ同じ大きさの人間であり、いずれかが極端に大きくなったり小さくなったりできるわけではないのですが、意識としては聞き手が話し手の内側に入ったつもりで、限りなく話し手に近い視点を共有することに努めます。同様に、話し手は、聞き手が自分の内側にいて一緒にものごとを見聞きすることをイメージして話します。心の中にいる何者かに話しかけるように、同じ視界を共有しながら、自分の見方を聞き手に伝えます。

異なる視点から見える世界を提供し合い、互いに貢献する

一人ひとり異なる視点を持っていることと、一人の視点で見える世界は限られていることとを

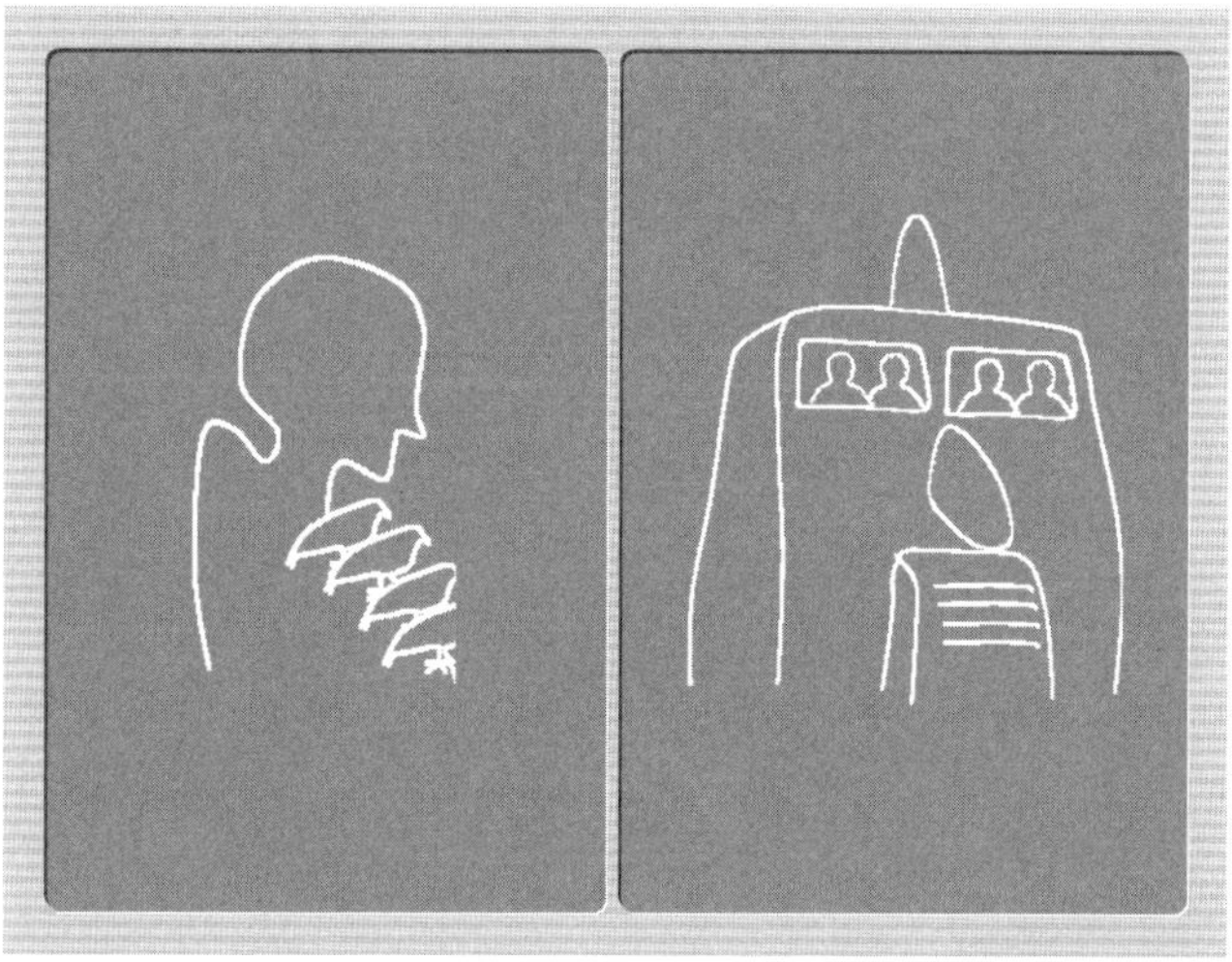

●図1——共想法における
新しいコミュニケーションスタイルのイメージ
［左］聞き手が話し手の肩乗り鳥になる
［右］聞き手が話し手である意志を持つ
巨大ロボットの運転席にいる

考えると、一つとして同じ視点はない、一人ひとり異なる視点から見える世界を提供することは、まさに他者への貢献であると言えます。一つの視点だけからは見えてこないことに気づくことができるからです。そこにいる人のどの視点でもない、第三の視点が見つかることにもつながります。視点を提供し合うことを通じて、互いの視野を拡張し合うという形で、互いに貢献し合うことができます。

同じものごとであっても、新たな視点を獲得することにより異なって見えるようになることは、高齢者の認知機能維持向上という、共想法を開発した当初の目的にもかないます。同じ視点で同じものごとを日々見聞きしていると、新しいものごとを処理する認知機能が活用される機会はほとんどなくなってしまいます。ところが、異なる視点を獲得することで、同じものごとが異なって見えるため、客観的には新しいものごとでなくても、主観的には新しいものごととして処理されることとなり、新しいものごとを処理する認知機能が活用される機会が生まれます。また、新たに獲得した視点に基づいて新たな行動を起こせば、そこで見聞きすることは新しいものごとになり、さらに認知機能の廃用による機能低下を防ぐことにつながります。

視点がつながり発見が連鎖する

共想法が提案する、視点を自在に動かしながら視点を共有するコミュニケーションスタイルは、日常に生かすことができます。共想法に継続的に参加するようになると、常に新しい題材を求めて、身の回りのものごとをよく観察するようになります。美術館に行かなくても、日常の中に小さな芸術作品を見出すことができます。後で共想法で話す題材を集めるつもりで、複数人で散歩すると、次々に新しい発見があります。散歩自体が、視点を提供し合い、拡張し合う場となります。そのようにして次々と発見しながら、撮影した一連の写真を、写真2に示します。

研究室の近所には、関東三弁天の一つ、布施弁天があります。布施弁天に行ったことがなかった私は、当事者として共想法の実施研究を推進している八六歳の共同研究者に、連れて行って頂きました。中国風の肉厚な屋根の本堂は、迫力があります(写真2a)。真夏で、境内に蝉の声が響き渡っていて、とりわけ至近距離からミンミンゼミの鳴き声が聞こえてきました。本堂の脇にある木の目の高さにとまっていて、真ん中の背中に穴が開いています。そして、ミーンミンという鳴き声と一緒に開いたり閉じたりしているのを、目の前で見ることができました(写真2b)。鳴いている瞬間をじっくり観察できたのはこの時が初めてでした。

布施弁天の近くには、もうひとつの近所の名所、あけぼの山公園があります。四季折々の花が咲き乱れることで有名です。蓮の花が咲いているということで、見に行くことにしました(写真2c)。蓮の花のそばまで行って見ると、足元にメダカが泳いでいるのを発見しました。葉の影になっている部分は夕日がさしていて、底が見えます。底が見えるところにメダカがいるのが見えます。葉の影になっていないところは青空が反射していて、その上に緑色の葉が見えます。光が複雑に入り組んでいて、見たことがない絵のようでした(写真2d)。そこで、メダカが何匹いるかと聞かれ、数え始めると、一目で見える大きいメダカの他、小さいメダカが数え切れないほどたくさんいます。しばらく覗き込んでいると、メダカが水を蹴って向きを変えるので、メダカがいることが分かります。

帰ろうとすると、柳のように枝葉が風にたなびく木が目に入りました。これはメタセコイアと言い、生きた化石といわれる木で、一度日本では絶滅したものの、中国に生き残っているところをもう一度日本に持ってきて植えられたと聞き、興味を持って近づきました。すると、枝葉の先に蝉の抜け殻が鈴なりについているのが見えました(写真2e)。蝉は地面から出てきて木に登り羽化します。枝の先に抜け殻があるということは、地面から枝の先まで何とか歩いて移動したことを意味します。一体どうやってたどりついたのだろうかという興味と共に、地面に

a—布施弁天の本堂

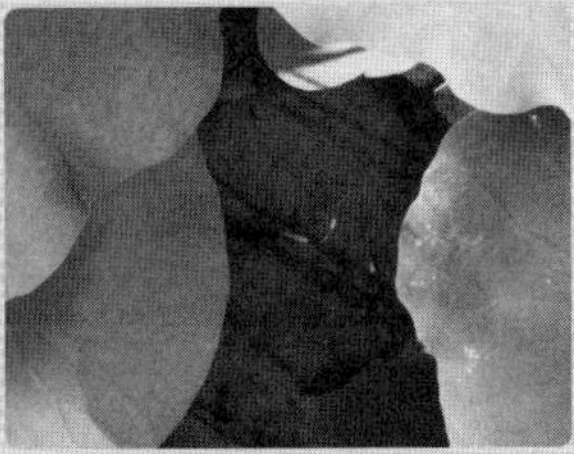

d—蓮の間のめだか

b—背中の穴を開閉して鳴くミンミンゼミ

e—蝉の抜け殻

c—あけぼの山公園

f—蝉の穴

●**写真**2——共想法の題材探しをしながら散歩して発見したもの

は蝉が出てきた穴があるはずだと聞き、足元を見たところ、無数の穴があるのが見つかりました（写真2f）。最初に布施弁天で見た蝉は、この穴のどれか一つから出てきて、幹と枝を伝っていずれかの抜け殻から飛び立ったのではないか、と想像が膨らみました。

ここで、布施弁天（写真2a）とあけぼの山公園の蓮の花（写真2c）、メタセコイアを知っていて、蝉の穴（写真2f）を発見したのは共同研究者、そこで蝉（写真2b）や蓮の間のメダカ（写真2d）、蝉の抜け殻（写真2e）を発見したのは私です。このように、視点が異なるので、注目して見るものも異なり、視点同士がつながって次々と新しい発見につながっていき、印象に残る一日となりました。そして撮影した写真は、後日共想法の話題となりました。

共想法の準備と実施を通じた、視点の共有による発見の連鎖の中に、よりよい暮らしとは何かという、サービス学の基本問題を解く鍵が潜んでいると考えています。

★01——Spohrer, J., Maglio, P., and Gruhl, D.: Steps toward a science of service systems, *IEEE Computer*, Vol. 40, No. 1, pp. 71–77(2007)

★02——新井民夫「製造物価値創出のためのサービス工学」『学術の動向』、Vol.11, No.12, pp. 68–73(2006)

★03——大武美保子「認知症予防回復支援サービスの開発と忘却の科学—マルチスケールサービス設計手法の開発—」『人工知能学会論文誌』、Vol. 24, No.2, pp. 295–302(2009)

★04——Mihoko Otake, Motoichiro Kato, Toshihisa Takagi, Shuichi Iwata, Hajime Asama, and Jun Ota: Multiscale Service Design Method and its Application to Sustainable Service for Prevention and Recovery from Dementia, *Lecture Notes in Computer Science*, Springer-Verlag, Vol. 6797, pp. 321–330(2011)

★05——本間昭『認知症予防・支援マニュアル』(改訂版)、厚生労働省(2009)

★06——Baltes, P. B., Theoretical Propositions of Life-Span Developmental Psychology, *Developmental Psychology*, Vol. 23, pp. 611–626(1987).

★07——中島秀之「構成的情報学とAI」『人工知能学会論文誌』、Vol. 21, No. 6,pp. 502–513(2006)

★08——飯島友治編『古典落語集7 正蔵・三木助』、ちくま文庫(1990)

ライプニッツの互恵の哲学——谷川多佳子

先駆者デカルト

近代初めにヨーロッパは、それまでの先進文明圏だったイスラーム世界や中国を凌駕して、世界的優位を確立しました。背景には、ルネサンスの三大発明に現れるような、科学・技術の進展、大航海による他民族・異文化との接触や交流などがありました。

そうした時期、近代の科学や学問の礎となる哲学を確立したのがR・デカルト(1596–1650)です。そのころ哲学は、学問全体につながるものでした。実際に科学者であった哲学者も多く、デカルトもその一人です。生涯の多くの時間、科学研究にたずさわり、数学、物理学、天文学、解剖学、医学など、広範な学問領域で活動しました。

デカルトはフランスで生まれ、学校を出たあと、志願将校としてオランダやドイツの軍隊に入り、三十年戦争のヨーロッパ各地を旅してまわります。新しい科学研究に触れて研鑽を積むためでもあったでしょう。生涯の後半はオランダに住み、最後はスウェーデンで亡くなりました。科学論文集の序文として出版された『方法序説』(1637)は小さな本ですが、自伝的な記述のもと、六部に分かれて、彼の学問・生き方・哲学を示しています。

第一部は学校で学んだ学問の検討で、最終的に人文系の学問を否定して旅にでます。第二部で、学問の数学的な方法が示され、第三部では、生き方として仮のモラルが語られます。第四部で、有名な「私は考える、ゆえに私は存在する」を哲学の出発点とし、それに伴う心身の二元論、さらに神の存在証明が略述される。第五部で心臓を中心に人体の仕組み、第六部で自然の学問の展望が述べられます。

さて彼の哲学の第一原理は、「私は考える、ゆえに私は存在する」です。ラテン語で「コギト・エルゴ・スム」で、考える自我・意識・精神が基礎となり、西洋近代の思考の出発点といえます。それは、思考の側の精神と、物体や身体の側の物質とを峻別する二元論です。MindとBodyが分けられ、前者は意識・思考の主体となり、後者は科学的な機械論で説明される対象となります。

この二元論は当時すでに、宗教界などから危険視されました。一七世紀末、イエズス会のガブリエル・ダニエル神父は、『デカルト世界の旅行記』でデカルトを嘲笑します。これは版を重ねたSFもどきの小説で、宇宙のなかで古代、中世、近代の有名哲学者たちの世界を旅します。デカルト世界ではたとえば、ある町の男の話が描かれます。思いやりのある心優しいこの男が、デカルトの哲学を信奉し、その二元論を受け入れるや、町中の犬を殺してしまう、といった話が満載されています。

現代、二〇世紀から二一世紀代は、さまざまな分野からのデカルト批判が噴出しています。主なものをみましょう。★01

人類学者レヴィ＝ストロースはいいます。デカルトは内的な自我から外的な世界へとただちに移行してしまう、その間にさまざまな文明、さまざまな社会があるのをみようとしない。自己を中心とするこの哲学は他の異なる文明を理解する視点を持ち得ない、と。

現象学は、他者の問題を提起します。フッサールは、デカルトには他人の自我、他者が欠落している、と批判します。他者をいわば第二の自我として、モナド的相互主観性により間接的に構成していきます。レヴィナスはさらに、他者の絶対性を示し、他者は、自我の内部で構成されるのでなく、外部から到来するのだ、とします。

心理学や精神分析では、無意識があらわれます。フロイトは、意識の根底にあって意識の及ばないところで働いている、無意識の構造とその実在的過程を明らかにしました。夢は無意識の表出であり、無意識にいたる王道と考えられます。フランスのラカンは、無意識は一つの言語活動として構造化されているというテーゼを示し、他者、あるいは言語の他性と構造を重視しました。

イギリスの哲学者ライルは、『心の概念』(1949)で、精神的実体の概念を完全に排除して心は機械のなかの幽霊か、といって、行動主義的な見解をとなえます。

神経学者ダマシオは、『デカルトの誤り』(1995)という本で、心を身体から隔絶させて心の理解を偏らせる元凶が、デカルトの二元論にある、といいます。

まだありますが、このへんにしておきます。

こうしたいくつかの批判を踏まえて、デカルトから五〇年あとに生まれたG・W・ライプニッツ(1646–1716)の哲学をみていきましょう。ライプニッツはドイツのライプツィヒで生まれ、早熟ともいえる学識を持ちました。大学で哲学・法学を学び、法学博士を取得したあと、教職を得られなかったこともあり、旅にでます。そしてマインツ侯に仕え、政策立案などを担当しました。二〇代の後半三年間パリに派遣されます。公務の外交交渉は成功しませんでしたが、このパリ滞在はライプニッツの科学者としての才能を開花させる素地となります。当代随一の物理学者クリスチアン・ホイヘンスに師事して数学・物理学にめざましい能力を発揮し、計算機などいろいろな機械を考案し、またデカルトにも関心を持ってその手稿を集めそれが今も残っています。ドイツに帰国後はハノーファー選帝侯エルンスト・アウグストに外交顧問・図書館長として仕え、生涯の残り四〇年間をハノーファーで過ごしました。

彼も万学の天才で、微積分、無限小計算、位置解析、計算機、光の屈折、物理学、力学……等々に優れた業績を有し、さらに生物学や生理学などへの関心もありました。歴史や言語などの著述もあり、人文系の学問を否定することはありませんでした。

異なる文明――中国へのまなざし

当時中国はヨーロッパ世界にとって、地理的にも文明的にも対極にあったといえます。一七世紀の中国は、ヨーロッパの知的世界の関心をさまざまな分野から呼び覚ましていましたが、さらに、中国人はずっと以前から純粋な無神論であるのか、という問いがヨーロッパの学界を二分していました。それは中国の典礼についての論争によって知られています。中国で行われていた祖先崇拝や孔子崇拝の典礼を、世俗的だが無害な慣習とみるか、それとも無神論的な文化とみるか、です。マテオ・リッチ以来イエズス会はそれを容認していました。しかしそれがキリスト教の一神教の教えに反するという批判がドミニコ会やフランシスコ会の宣教師たちからできます。

ライプニッツは、中国文化を承認する点で、かなり独自といえます。イエズス会の宣教が、敵対者たちから儒教的キリスト教と非難されても、ライプニッツはそれを擁護しています。宣教師たちからの情報をもとに著された『最新中国情報』(1697)の序文でこういっています。古代の中国人は、「上帝」「天」「天主」といった名のもとに真の宗教を有していた。孔子や祖先に捧げられた儀式は純粋に世俗化されたものだ、と。

ライプニッツの基本的な立場は、理性にもとづく自然宗教に立脚することです。『中国自然神学論』(1716)でこういいます。中国人の奉じる第一原理は「〈理〉Li」で、これが全自然の根拠をなし、もっとも普遍的な理性的実体だ、と。「理」は、「私たちが神の名で崇める最高実体だといえないでしょうか」、中国の古代宗教は「私たちの心に刻み込まれた自然法を更新するものとして純粋なキリスト教です」、と主張します。中国の伝統や文化の固有性をみとめ、多様性を尊重しているといえます。

清の康熙帝についても、「賢者の中の賢者」とたたえ、熱心な勉学ぶり、特にその数学の勉強ぶりや、そうした方面の著書の準備を紹介したりしています——ライプニッツは、何千年も前からの中国人の学問の奨励をたたえつつも、精密科学を作り出すことができなかった理由のひとつに、数学を持たなかったことをあげています。そして、康熙帝を、徳と知を身につけるために絶えざる精進をつづけ、道徳、学識、判断に優れ、領土的野心と攻撃性とを持つルイ一四世と対照をなす、と記しています。

ライプニッツの中国への関心は漢字や、『易経』の卦にも及んでいました。中国の文字の鍵をみつけようとして、記号と物との一義的関係、記号と概念、記号と物の関係を考察しています。漢字は表意文字の特色を持つが、さらに数、秩序、関係を表わすのに優れている。漢字の論理構造は『易学』の卦につながります。ライプニッツは、古代中国の皇帝伏義《ふっき》の考案した六四卦図に、構想していた二進法に対応する発想をみています。

ライプニッツは、ヨーロッパも中国の知識や道徳を学ぶべきだと主張しています。[★02] もしもヨーロッパ人が知識と技術を輸出するだけであれば、中国人がそれを習得した暁には、中国の皇帝のヨーロッパ人への好意も続かなくなり、ヨーロッパ人は不要となってしまう。ヨーロッパ人と中国人は互いに補い合い、相互に寄与し合って、双方の公的幸福の増大に役立てるべきなのだ、と。中国では、ヨーロッパと違って、数千年前に開花した伝統が今も保存されている。科学技術の面では、花火、製紙、冶金、綿、絹、ガラス、陶磁器、さらに薬や外科手術の技術に、ライプニッツは関心を持ちます。たとえば医学において、解剖学、化学、生理学など理性的原理的な知識はヨーロッパ人が優れているけれど、植物学、薬学、治療学などの経験的な領域では中国人のほうが優れているので、補い合える。異質な文明において、双方の優れた分野を導入し、貢献し合うという方向が示されていきます。

モナド

ライプニッツはデカルトのコギトを批判します。モナドが彼の哲学のキーワードとなるでしょう。モナドという言葉と概念は西洋では古代ギリシア以来のものですが、ライプニッツは独自の意味をこめて、最晩年の一〇年あまり、使っています。『モナドロジー』(1714)からみていきましょう。

モナドは、形而上学的点、原初的力、実体形相ともよばれた精神的実体です。モナドは表象と欲求を持ちます。

表象は、脳のなかの機械的装置だけでは説明できない精神的な表象です。ライプニッツはデカルト的二元論とそれにもとづく機械論では、こうした表象を説明できないと批判しました。表象にはいろいろなレベルがあります。意識や自我にむすびつく意識表象、さらに意識にのぼらない表象があり、また知覚表象のきわめて微小なものが微小表象とよばれます。たとえば、私たちが海岸で潮騒を聞くとき、それは私たちが直接には識別できない、何十万個、あるいは何百万個もの、微小な音が合わさって、私たちの耳に入って海のざわめきの音となるのです。水車の音なども同じように説明されます。気絶状態や夢もみないほどの睡眠中でも表象はなされている、という見方は、現代の無意識の心理学に貢献したともいわれています。

　表象の働きは、他のモナドや宇宙の多様性につながります。モナドは他や、そして宇宙を表象する、映しこむのです。このことはわかりにくいかもしれません。少し強引な接続かもしれませんが、北脇昇の絵に「周易解離図（八卦）」（1941）というのがあります。[★03] 北脇は二〇世紀の前半を日本で生きた画家で、当時の前衛芸術（アヴァンギャルド）のなかで活動を始めました。一連のシュルレアリスム的絵画を制作したあとに、北脇は数式などにもとづいた図式的な絵画に向かいます。この絵は、「龍安寺石庭ベクトル構造」と同じ年に発表され、当時北脇は、易学――たんに占いではなく森羅万象にかかわる理論として――の連作を展開します。この絵はその一つで、宇宙に通じて映しこむ、しかもそこに数学や自然科学の法則が伴い、易の合理的な構造ともつながっている。ライプニッツの試みに通じるものが感じられないでしょうか。

　モナドはそれぞれの視点を持って表象します。多数のモナドの異なった視点からの、宇宙への表象あるいは表出は、一つの都市を異なった方角から眺めると、まったく異なった眺望にな

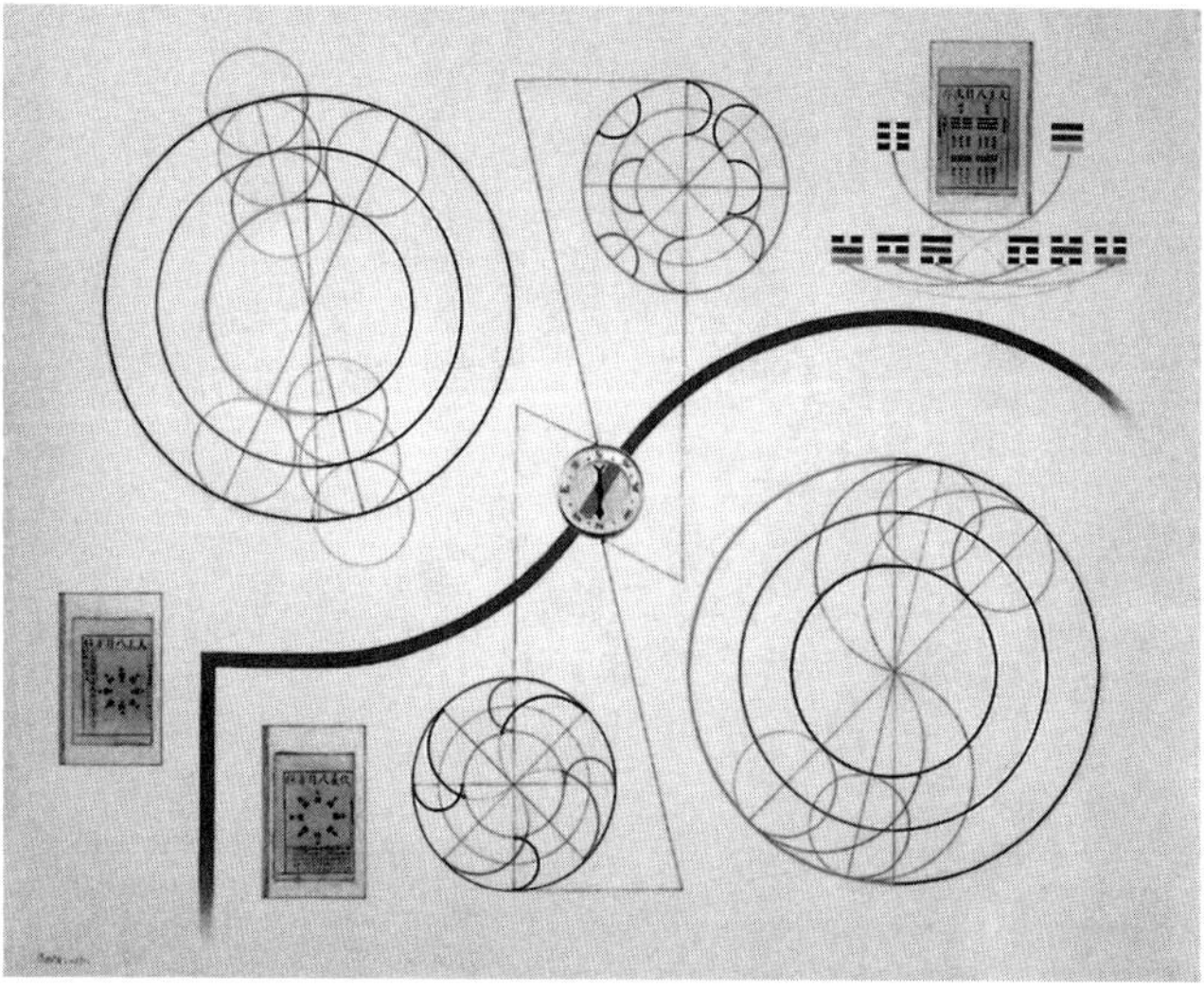

●北脇昇
《周易解離図(八卦)》(1941)

ることにたとえられます。がそれは、無限に多くのモナドの異なる視点から表出される、唯一の宇宙なのです。

他のモナドや宇宙を映しこむ無数のモナドの表象は、たとえるとすれば、カメラではなく、精神のプロジェクターのようなもの、とでもいうべきでしょうか。ライプニッツはモナドを、「宇宙を映す永遠の活きた鏡」といいあらわします。むろん鏡は、物理的な鏡ではありません。

ライプニッツによれば、宇宙のなかにある、魂を持つ生命体、すべての個体は、そのなかに他を映しこんでいるといえます。ある個体が映す他の個体にも自分が映り、合わせ鏡で見たときのように、自己が何重にも映し出される。人間であれば、自他が互いに意識し合うことにもなるでしょう。レヴィ＝ストロースは『野生の思考』で、野生の思考の世界認識を、向き合った壁面に取り付けられ、厳密に平行ではないが互いに他を写す、いく枚かの複数の合わせ鏡に写った部屋の認識に似ている、といいます。多数の像はどれ一つとして同じものではないが、それらを集めると、全体はいくつかの不変の属性で特色づけられ、真実を表現するものとなる。この複数の合わせ鏡のイメージは、具体的で華麗です。★04

精神分析のラカンには、鏡像段階の理論があります。乳幼児にとって、鏡に映る自己の像をみることは、大きな歓喜を誘発する。鏡のなかの像は、周りの大人たち、具体的には鏡に共に映った大人たちの、強い承認が与えられているからです。乳幼児がばらばらに捉えていた自己の身体は、大人たちの視線と言葉に支えられながら、視覚イメージによってまとめあげられていきます。この鏡像の上に、社会的な「私」の位置が定められ、この「私」の像の実現は、生物学的な内的成熟に先立って行われることをラカンは強調しました。鏡のなかの像はたんなる物理的ないし光学的現象ではなくて、他者からの承認の焦点であり、他者たちとの交わりの場なのです。それはまた想像力による構成ともいえ、主体の生成につながる重要なものです。

さて、同じモナドはなく、宇宙に同じものは二つとない、とライプニッツは主張します。「不可識別者同一の原理」というちょっと難しい名がありますが、ライプニッツはハノーファーのお城の庭での、選帝侯夫人の話を引き合いに出しています。「識別できない二つの個物はありません。私の友人と(……)ヘレンハウゼンの庭の中、選帝侯夫人の御前で私は彼と話をしていたことがありますが、そのとき彼はまったく同じ二つの葉をみつけられると思っていました。選帝侯夫人は、そんなことはできないとおっしゃいました。そこで彼は長いこと駆けずり回って探したのですが、見つかりませんでした。顕微鏡で見られれば、二つの水滴とか乳滴も識別され得るでしょう」(クラーク宛書簡)。

モナド相互の規則的な秩序と関係については、「予定調和」という概念で説明されます。予定とは、神が予めそのように設定した、ということです。心身の関係も、予定調和によって説明され、初めから完全な仕組みと機能を持って対応するようにつくられた二つの時計にたとえられます。調和はさらに、モナド相互、モナドと宇宙の関係まで含みます。

「調和」という日本語のニュアンスにあるような甘い情緒的なものはなく、円満とか平和とかいうような意味ではありません。今風にいえばシステム相互の対応、関係ということでしょう。またそこには、身体や魂や世界が、神によって一定の目的のもとにつくられたという前提があり、人間はそのなかに神の目的を読み取って、自然や世界の調和を進めていく、という見方もできます。

そして神は、無数の可能的世界から最善を選んだ。この現実世界の存在はその十分な理由を持ち、世界に起こる出来事は究極理由として神の決定にもとづきます。ライプニッツによれば、現実世界は神の意志決定に依拠し、その理由を神のうちに有する、したがって、われわれの生きている世界こそ、最善世界なのです。「神は知恵によって最善なるものを知り、善意によってこれを選び、力によってこれを産み出す」と(『モナドロジー』)。そこでは、神によって創造されたすべてのモナドが、他のすべてのモナドを自分とそれらへの関係にしたがって、厳密に表出するようにしている普遍的調和があるのです。

しかし同時代すでに、ライプニッツのこうした予定調和、最善世界の思想には、多くの非難がありました。フランスのトレヴーのイエズス会士たちは、これを揶揄して最善主義（optimisme）という造語をつくり、現代のオプティミズムという言葉の語源になってしまいました。ヴォルテールは『カンディード』という小説を一七五五年のリスボン大地震のすぐあとに著します。オプティミズムの副題を持つこの小説の主人公、無邪気な青年カンデイードは、家庭教師から「すべては最善であり、起こるべき十分な理由があって起こった」と教え込まれて成長しました。城主の娘キュネゴンドに身分違いの恋をして城を追われ、数々の辛苦を経験しながら流浪の旅を続けます。背景に殺戮、嵐、地震、梅毒、ペスト、異端者の火刑、海賊の横行……が描かれます。そして、黄金郷〈エルドラド〉に迷い込む。幸いにもそこで王に歓待され逸楽の日を送る。黄金の巨万の富を携えてヨーロッパに帰還するが、その成果を同胞に認めさせることはできなかった。さまざまな苦難の果て、いまや美貌の面影もないキュネゴンドと再会して結婚、昔の仲間たちともども定住した土地で、「われらの庭を耕すべし」という境地に達する。Optimismeへの揶揄は随所にあらわれています。多くの困難に出会い、何度も破局に陥りながらも屈せず、働く喜びを体得してこうした境地に達する物語は、予定調和説への批判といわれました。

現代、一七世紀と違って、哲学がその体系あるいは構成に必ずしも神を必要としない時代にあっては、調和の考察はかなり苦しいものになるかもしれません。二〇世紀前半の深刻な状況のなか、パウル・クレー（1879–1940）の晩年の絵画にその行き詰まりというか深刻さが感じられるものがあります。一九三〇年代後半に描かれたと思われる絵で、やや暗い色調の薄茶色を背景に、角ばったさまざまな形のフィギュールが緊張をはらませた動きを持ち、しかし、ある調和と流れをつくっています。たしか「対立するものの調和」というタイトルがつけられていたように思います。クレーの晩年、ナチス支配下のドイツを逃れて生まれ故郷のスイス・ベルンに亡命し、経済的困窮と難病の皮膚硬化症の闘病の時期の制作で、この頃の作風は、手がうまく動かないこともあって、単純化された線による造形が主になっています。対立しぶつかるものが多様にありながら、しかも調和の流れを見いだす。苦しさを感じつつも、ライプニッツの世界をかいまみることができるように思います。

生命体の科学と哲学の往復、同時代の宗教・寛容

さきほど微小表象のことをお話ししました、ライプニッツは身近な小さな世界に無数の存在を求めていました。「物質のどの部分も、草木に充ちた庭とか、魚でいっぱいの池のようなものと

考えることができる。……庭園の植物のあいだにある地面や空気、池の魚のあいだにある水は、植物ではないけれど、じつはやはり植物や魚を含んでいる。ただそれらがあまりに微細なので、ほとんどの場合われわれには見えない」(『モナドロジー』67)。

当時は顕微鏡が発明されました。オランダのレーウェンフックは、精子を観察し、微生物の世界を明らかにしました。マルピーギは顕微鏡で、昆虫や人体の微細機関の観察をしています。こうして明らかになったミクロな世界は、ライプニッツに影響を与えました。

がライプニッツはそうした発見の意味をさらに拡大して、宇宙のいたるところに生命の存在を認めていきます。★05「宇宙の中には荒れ果てたところや不毛なところ、死せるところがまったくなく、混沌も錯雑もない。ただ外観上そう見えるだけだ」(『モナドロジー』69)。生命を持った存在が無数に、しかも宇宙に充満していることになります。

ライプニッツ後期の哲学の仕事には、生きた有機体とその特性の理解が、哲学の表現に近づく手立てを与えたり、有機的で生理学的な現象の支えとしてモナド的秩序の表現の展開の道筋がみえたりします。★06

『モナドロジー』から一〇年近く前の『新たな説』(1695)では、動物の特徴を確定して動物の統合様態が詳述されています。スワンメルダム、マルピーギ、レーウェンフックの観察した、有機的形態における変態が言及され、かれらの観察結果をもとにして、有機体を諸部分の機械論的集塊の帰結と理解しなくてよい、といいます。有機体には創造も絶滅もなく、自らを絶えず変形させているのです。そして「魂だけが保存されると考えるのではなく、動物そのものとその有機的機械も保存されると考えた。もっとも、粗大な部分が破壊されることによって動物やその機械は小さなものとなり、それが誕生以前にそうであったようにわれわれの感覚によっては捉えられないものとなっているが」(『新たな説』)。

どんな大きさであれ動物は、有機体化された身体を持っており、こうした身体はその内的態勢において、生命を付与する固有の能動性を表出します。その能動性は、形相的で能動的力を持つ、モナドのものといえます。

ライプニッツによれば、生命体に骨格を与える形成的力そのものは機械的なプログラムによるのであり、それは「予先形成のうちに、そして他の器官を……形成したすでに存在する器官のうちに」ある。こうした点でライプニッツは動物学・生物学の専門家たちの論証を用いています。たとえばマルピーギとスワンメルダムの観察したカイコの変態、マルピーギがその起源へと遡った受精卵の発生学、レーウェンフックとハルトゼーカーが明らかにした精子の構造と運動などです。がやはりライプニッツはここでも、顕微鏡で観察可能なものの限界を超えていきます。神のつくった自然の機械の各々は、無限の襞や渦、機械的変化に対する無限の微細態勢を持つから、機械全体はその本性を変えることはない、と。「というのも、物質は至高なる知性の連続的な発出と結果だからです。とはいえ、見えるもので判断するのは容易だが、諸器官と(神の生み出した)巧妙さは、われわれに不可視の微小部分に見いだされねばならない……のです」(プロイセン王妃ゾフィー・シャルロッテへの手紙)。

最後に当時の寛容の問題を一瞥しておきましょう。当時は、カトリックとプロテスタントの宗教対立の時代で、「寛容」が切実に求められていました。この言葉は英語でtoleranceで、その語源のラテン語は「耐える」「我慢する」という意味です。つまり、嫌であっても、きらいであっても我慢する、ということになるでしょうか。

カトリックとプロテスタントを合同させようという計画が起こり、ライプニッツも大きくかかわります。彼自身はプロテスタントでした。教義にかかわる宗派の対立を前にして、トリエント公会議での決定を前提とするカトリック側の合同計画に対して、ライプニッツはトリエント公会議でのプロテスタント批判の決定の撤回を求めて譲りませんでした。カトリック側の中心であったモーの大司教ボシュエと論争を繰り返します。

イギリス経験論の支柱で、認識論上ライプニッツの論敵だったイギリスのロック(1632–1702)

は、歴史的にも意義深い寛容論を書いています。政教分離を基本とするもので、為政者が信仰の問題に干渉しないように、というのが主眼でした。有名な『寛容書簡』で、キリスト教会および信徒は人類愛の見地から、他人を迫害する権利を持たない、とうたっています。

理性と信仰、全能なる神がつくったこの世になぜ悪が存在するのか、という問題でライプニッツが大きな論争をしたピエール・ベール(1647–1706)は、ルイ一四世によるプロテスタント禁止令のあとオランダに亡命したフランス人プロテスタントですが、寛容の出発点を求めます。個人の良心――それが迷えるもの、誤れるものであっても――にもとづく彼の寛容論は、現代でも振り返る意味があるでしょう。

まとめましょう。

ライプニッツは、ヨーロッパ人の側から対極にある中国の宗教に「理」をみとめ、異質な文字体系である漢字や易学にも合理的な構造と力を見いだしました。科学技術においても、双方のすぐれた面と遅れた面を示して、相互の貢献を求めました。異なる文明は、対立するのではなくて、補い合い、相互の共生、貢献をめざすという視点こそ、双方の文明が生き残るためにも、大切なのではないでしょうか。

二一世紀、学問と知識の細分化のなかに生きる私たちにはたいへん難しいことですが、ライプニッツは、専門ではないが、関心を持つ科学の知見を敏感にうけとめ、さらにそれを超えて哲学の構想イメージを示しています。そのようにして生命の根源的な力をみとめ、つながりあえる生命と宇宙の姿を考え、感じとることができるのは、やはりこの哲学者の魅力かもしれません。

★01——拙著『デカルト「方法序説」を読む』岩波書店、2002年
★02——酒井潔『ライプニッツ』清水書院、2008年、226–227頁
★03——『日本画の前衛1938–1949』京都国立近代美術館、2010年
★04——坂部恵『ヨーロッパ精神史入門』岩波書店、1997年、181–184頁
★05——佐々木能章『ライプニッツ術』工作舎、2002年、72–74頁
★06——フランソワ・デュシェノー「ライプニッツと生命体の科学」『思想』930号、2001年、127頁以下

他者を思う心の進化：共感と幻想

長谷川眞理子

ヒトは他者の心を読み取ろうとする動物

われわれヒトは日常の社会生活の中で、他者が何を考えているのか、何を欲しているのかを無意識のうちに推定しています。言語や表情、身振りは、心のありようを表現するシグナルであり、そのシグナルを意識的、無意識的に受け取って、解釈することにより、他者の「気持ち」を類推して、適切に反応している。それがヒトのコミュニケーションです。

さて、信号機も赤になったり青になったりして、シグナルを発していますが、誰も信号機の「気持ち」を類推しようとはしません。信号機に「心」があるとは思っていないからです。しかしヒトには「心」があり、ヒトを動かしているのは心であるとわれわれは思っています。他者の心は、他者の存在の中に隠されており、それをつかみとって見ることはできません。言葉で表現してくれれば、その内容を理解することにより、心を理解する助けになります。それでも他者が心の本当のありようをそのまま言葉にしてくれている保証はありません。そこで言葉に耳を傾けながらも、その人の視線や表情、ちょっとした身振り、動きにも注意を払いつつ、言外の意味や隠された感情をも読み取ろうとします。これはほとんどのヒトが当たり前に、無意識のうちに常に行っていることですが、実は大変に複雑な作業です。こんなことを日常茶飯にやっている動物は、ヒト以外にはおそらく存在しません。

互恵的利他行動

私はヒトも含めた動物の行動と生態の研究をしています。その最先端の研究の中から、他者を思う心や共感というものが、どのようにヒトらしさをつくっているかについてお話ししたいと思います。

動物の行動の中でも「利他行動」については、理論的な興味からこれまで多くの研究が行われてきました。生物学で言う利他行動とは、それによって自分の適応度が下がっても、相手の適応度を上げるような行動のことです。進化というものを「世代を超えて遺伝子が広がっていくこと」と定義すれば、自分にとって不利益になる行動は、次世代に自分の遺伝子を広げる可能性を減らすことにつながります。ただし互いに血縁関係にあるならば、自分と相手は同じ遺伝子を共有しているので、相手を助けるという行為は次世代に自分と同じ遺伝子を広げる可能性を高めますので、利他行動はあり得ます。ところが全く血縁関係が無い赤の他人を助けることは、自分には全く利益にならず、他者の遺伝子を広げることにつながるため、利他行動が進化していくのは難しいだろうと考えられました。

こうした議論が一九七〇年代から活発に行われてきた中で、「互恵的利他行動」というものが出てきました。これは、今、一時的に自分が不利益になる行為をしたとしても、相手が次の時にお返しとして、先に自分が被った不利益を帳消しにし、かつさらに利益をもたらしてくれる場合には、利他行動はあり得るのではという理論です。互いにコストは払うけれども、最終的には互いに利益になるやりとりが続いていけば、それは進化し得るのではないかという問題提起です。

しかし、この互恵的利他行動が成立するには、次のような厳しい条件があります。

[1]──関係が長期間に続く、なかば閉鎖的な集団であること
[2]──個体識別、過去の社会的相互作用の記憶があること
[3]──行為者の損失よりも、受け手の利益が大きいこと

[4]――非協力者を見分け、排除できること

つまり一見《いちげん》さんには有効でなく、「誰々が何をしてくれた、何をしてあげた」ということが分かっていなければなりません。加えて利益を受けるばかりで一切恩返しをしない非協力者を排除できないと、一部の者に食い物にされるばかりで互恵的システムが成り立ちません。これらの条件が全部そろった時に、互恵的利他行動が成立するだろうと理論上は考えられています。

では動物は実際に、こうした互恵的利他行動をしているのでしょうか。一九七一年にロバート・トリヴァースがこの問題を提唱して以来、多くの研究が行われてきました。しかしトリヴァース自身も明確な事例を挙げることができずに、「あてはまるのはヒトだけである」と言っています。われわれの商業活動一般や、お金の貸し借りのような互恵的利他行動をしている動物は、結局見つけることができませんでした。一見、動物同士が助け合いをしているような事例でも、よく調べてみると、それは両者にとってプラスになっているだけで、どちらかがコストを払っているわけではありませんでした。

この互恵的利他行動を研究していく中で、有名な「囚人のジレンマ」というモデルが提唱されました。これは一対一の関係にある二人のジレンマを扱うもので、互いに協力するよりも非協力のままでいる方が得である場合、どのような行動をすれば最大の利益を得られるかを考えるものです。

この問題は利得行列を用いるとうまく整理できます。お互いに協力すれば、ある程度の利益が得られるのに対し(R)、自分が協力したにもかかわらず相手が裏切れば、とても損をすることになります(S)。逆に相手が協力してきたのに、自分が裏切れば、すごく得をします(T)。そして互いに非協力ならば、得るものはありません(P)。利得の大きさはT>R>P>Sとなっています。ここでポイントとなるのが、両者が非協力の場合(P)の方が、自分だけ協力して裏切られた場合(S)よりも、まだましであるということです。最悪なのは、Sのぼったくられるケースなので自分は協力したいとは思わないし、相手も同じように考えるので結局のところ、Pに落ち着きそうです。しかし互いに協力した方(R)が、Pよりは得になるし、Tなら最高です。さあ、どうすればいいのかとジレンマに陥るわけです。

この二人の関係が一回限りで、二度と出会わないのなら、みんな非協力(P)に落ち着きま

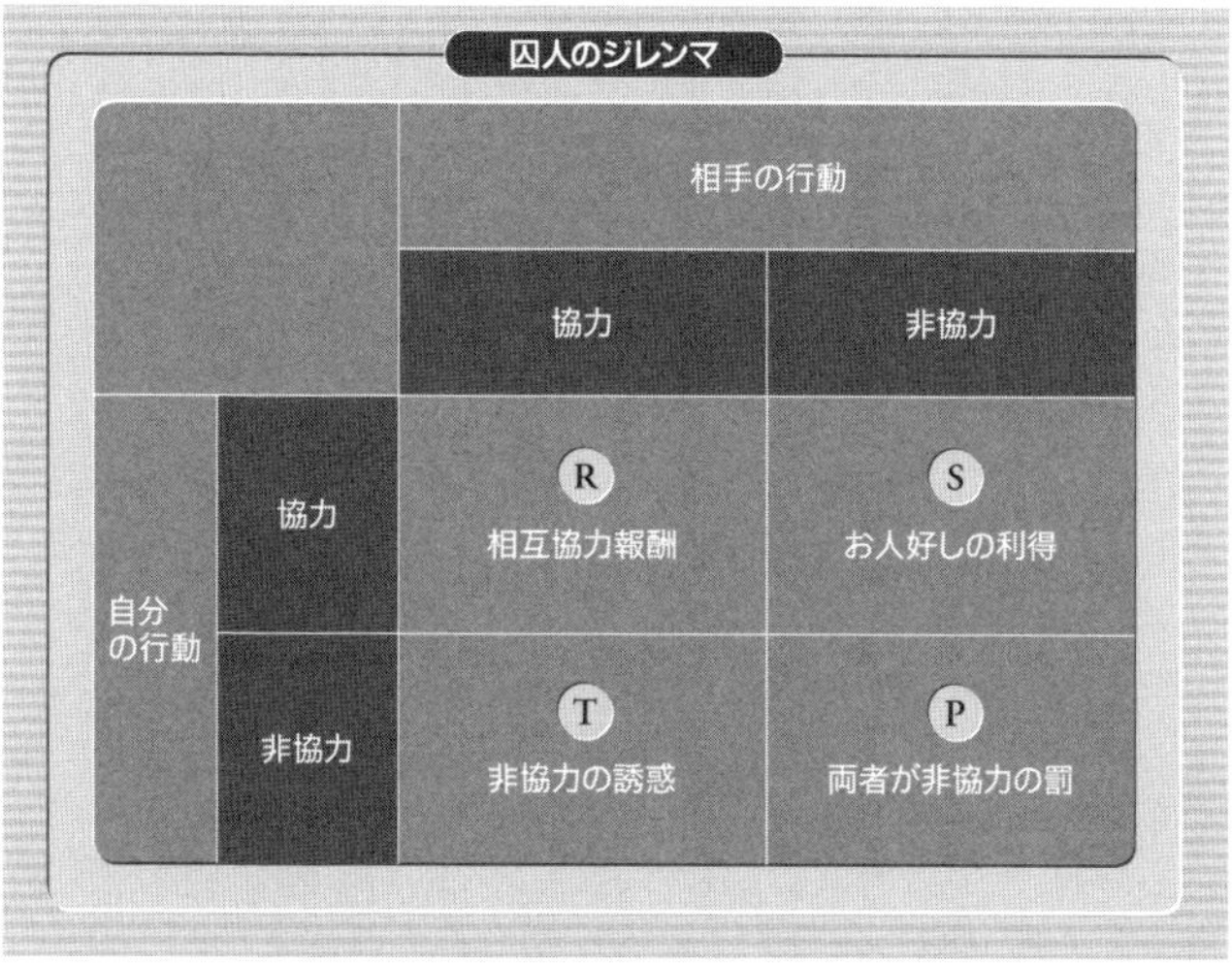

		相手の行動	
		協力	非協力
自分の行動	協力	Ⓡ 相互協力報酬	Ⓢ お人好しの利得
	非協力	Ⓣ 非協力の誘惑	Ⓟ 両者が非協力の罰

●図1——囚人のジレンマの利得行列

す。そこで安定して、どちらかが協力することはないというのが結論です。しかし、この二人が何度も出会うとしたら、事情は変わってきます。これを「反復囚人のジレンマ」と言って、協力してみようという動きが出てきます。これについてはコンピュータ上のシミュレーションによる研究が非常にたくさん発表されています。具体的には、ある戦略にもとづいて協力か非協力かを選択するプログラム同士を対戦させるゲームの形で行われました。「相手が裏切ったら、自分も裏切れ」とか、「一〇％の割合でランダムに裏切れ」とか、「必ず協力しろ」あるいは「必ず裏切れ」など、さまざまな戦略をもったプログラムがつくられ、対戦したのです。

対戦を繰り返していったところ、いつも最後に勝ち残ったのが、「しっぺ返し」というプログラムでした。これは最初に出会った時は常に協力し、次回からは相手と同じことをやり返すという戦略です。つまり相手が協力してくれれば次も協力するし、相手が非協力なら自分も非協力で返します。そして相手が協力に方針を変えれば、こちらもすぐに協力に戻すというものです。これはもっとも単純なプログラムのひとつですが、非常に強いことが分かりました。やられたらやり返すという、すごく報復的なプログラムですが、人間に例えると「やさしいけれど怒りっぽくて、短気だけど寛容」になるでしょうか。相手が心を入れ替えて協力姿勢を見せれば、根にもたないですぐに協力する人ですね。こういう関係で集団の中で何度も付き合いが続くのなら、協力するという戦略が進化の面で有効であることが分かってきました。

「合理的ではない」人間の心理

こうしたゲーム・シミュレーションで得られた成果を社会に当てはめてみた場合、ヒトの社会構造は互恵的利他行動を基盤としているのかどうかについての研究も二〇年近く行われています。その結果、ヒトが他者と向かい合い、何かをやりとりする場合、どのような心理で行うのだろうという疑問から、私たちの心の問題に切り込む研究が出始めました。その影響は実験経済学の分野にも波及します。経済学では「ヒトは合理的意思決定者であり、損失と利益のバランスで最大の利益を追求するもの」と仮定しています。しかし、本当にそうなのでしょうか。ヒトは一円でも得をするように、一円でも損をしないように常に行動しているかどうかについて研究が始まりました。そこで考えられたのが「最後通告交渉ゲーム」という実験モデルです。

これは互いに面識のないプレイヤーAとBでペアになってもらい、Aに一〇〇〇円を渡します。その上で、その一〇〇〇円をペアであるBと分けてくださいと指示します。そこでAは見知らぬ一回限りの相手Bに「五〇〇円ずつにしましょう」とか、「私が八〇〇円で、あなたが二〇〇円にしましょう」と提案するわけです。一方、Bは「その条件なら同意できない」と提案自体を拒否することができます。もしBに拒否されたら、Aからも一〇〇〇円は取り上げられてしまい、二人は一円ももらうことができません。そのため一〇〇〇円を渡されたAは、Bに拒否されないように、相手の心を読まなくてはなりません。

従来の経済学の考えだと、BはAがどんな提案をしようとも必ず受け入れるはずです。なぜなら一円だろうが一〇〇円だろうが、Bがもらえることに代わりはないからです。提案を拒否すれば何ももらえず〇円のままなのですから、一円でも多くもらえるような選択をするはずです。Aが九九九円取ろうが、八〇〇円取ろうが、Bにとっては関係のない話です。それが分かるからこそ、一〇〇〇円もらったAは最大の利益と最小の損失を追求すると考えるのが経済学の原則なのですが、本当にヒトはそのように行動するでしょうか。

実際に最後通告交渉ゲームの実験をしてみると、例えば〈A＝八〇〇円、B＝二〇〇円〉では、Bはまず拒否してきます。〈A＝五〇〇円、B＝五〇〇円〉なら、受け入れられる確率は高くなります。しかし、これは経済学の原則では絶対におかしいことで、合理的意思決定とは違うことをヒトはやっているのです。

実際、ほとんどの場合、Aは最初に権利をもらったのだから、少しだけ多くもらおうという傾向があって、Aが提示する額の平均は六七〇円くらいになります。欲を出して八〇〇円以上

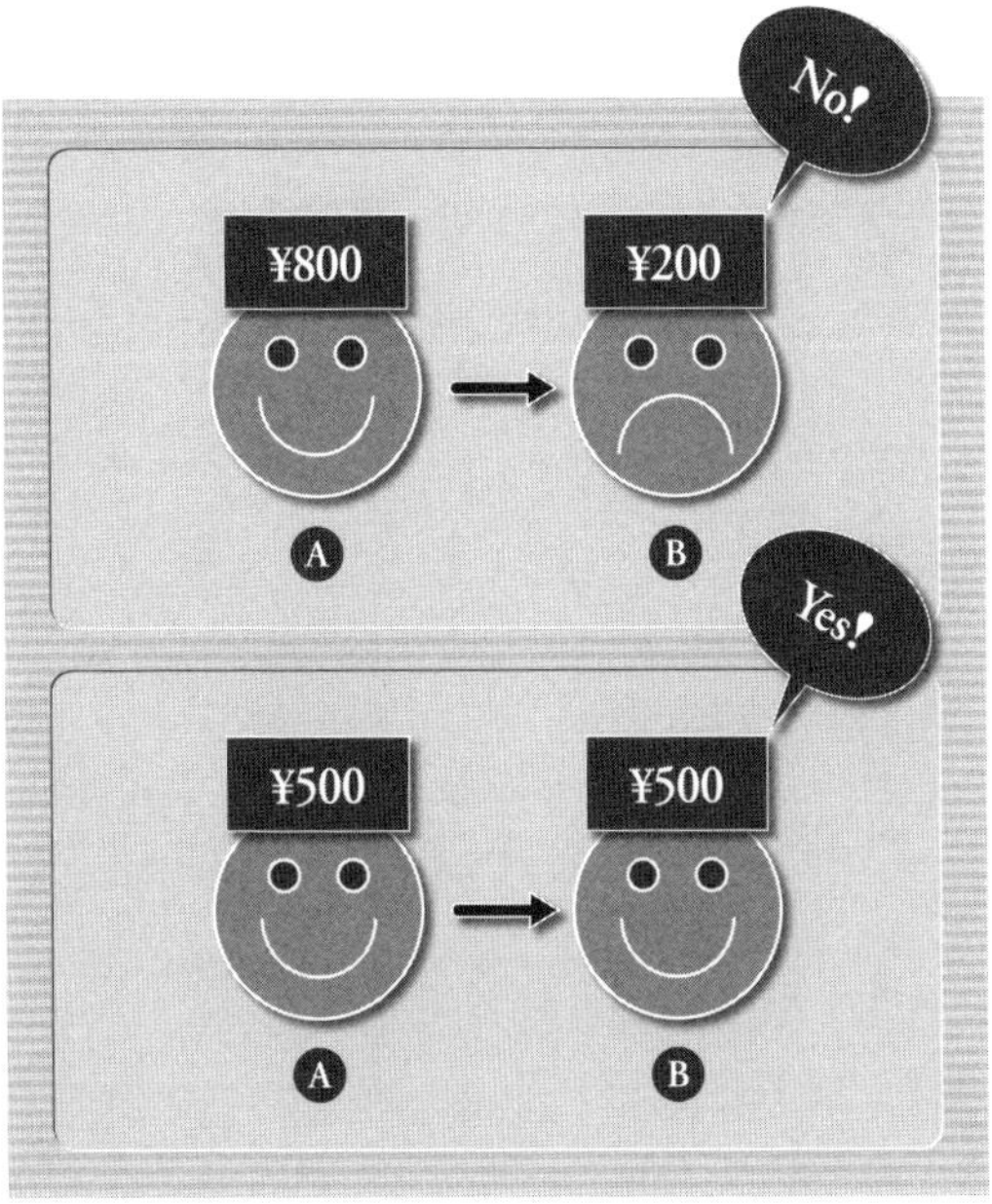

●図2——最後通告交渉ゲーム

取ろうとするとBに拒否される確率が高くなります。提案が成立した場合の平均は六〇〇円と四〇〇円でした。九〇〇円以上の要求をしたAは一〇%程度でした。五〇〇円と五〇〇円というのは非常に寛容な提案ですが、そう提案するAが二五%は必ずいます。

こういう研究を通じて、ヒトはけっして自己利益を最大化するようには生きていないことが分かってきたのです。いわば「公正と不公正」というものを強く意識していて、公正さへのこだわりが強く、不公正なものを叩くためならコストを払ってもいいとさえ思っているということです。

実験室で見られる動物たちの行動

野生の動物の行動を調べても、互恵的利他行動の例は見つからないと先に述べましたが、実験室レベルならどうかという観点で、多くの実験が行われています。その中のひとつ、京都大学で行われたチンパンジーを使った研究を紹介します。これはテレビでも取り上げられたことがあるので、ご存じの方もいるかもしれません。

二頭のチンパンジーを隣接した透明なパネル製のブースに入れ、ブースの間には小さな穴を開けておきます。片方のチンパンジーCには、手を伸ばしても届かない場所にジュースを置

●図3――チンパンジーは要求に応じて相手を助ける
（写真提供：京都大学霊長類研究所）

いておきます。もう一方のチンパンジーDにはジュースはなくて、代わりにステッキを置いておきます。Cがジュースに手を伸ばして、何とか取ろうとしているのをDはパネル越しに見ていた場合、DはステッキをCに渡すかどうかという実験です。結果としてDはステッキを渡そうとはしません。Cがどれだけ必死に手を伸ばしていても、Cの代わりにDの子どもが同じことをしても、Dは何もしようとしません。ところがCがブース間に開いた穴を通して、Dに「ステッキをくれ!」と意思表示すると、Dは当然のようにステッキをCに渡すのです。つまりDは、この状況を理解していないからCを助けなかったのではなく、Cがジュースを飲みたくて必死なのだということをちゃんと理解していたことになります。

次に非常に有名な、チンパンジーが他者の心理を理解しているか、状況が読めているかの実験を紹介しましょう。チンパンジーは群れの中で序列がはっきりしていて、それが重要な意味を持っています。そこで序列が異なる二頭を別々の檻に入れておき、檻と檻の間にエサを二つ置いておきます。エサの片方は両方のチンパンジーから見える位置にありますが、もう片方は劣位のチンパンジーにだけ見えるようにしてあり、優位のチンパンジーはそこにエサがあることに気付いていません。さて二頭を同時に檻から出した時に、優位のチンパンジーは、自分から見えているエサの方に行くはずです。逆に劣位のチンパンジーは、どのような行動を取るで

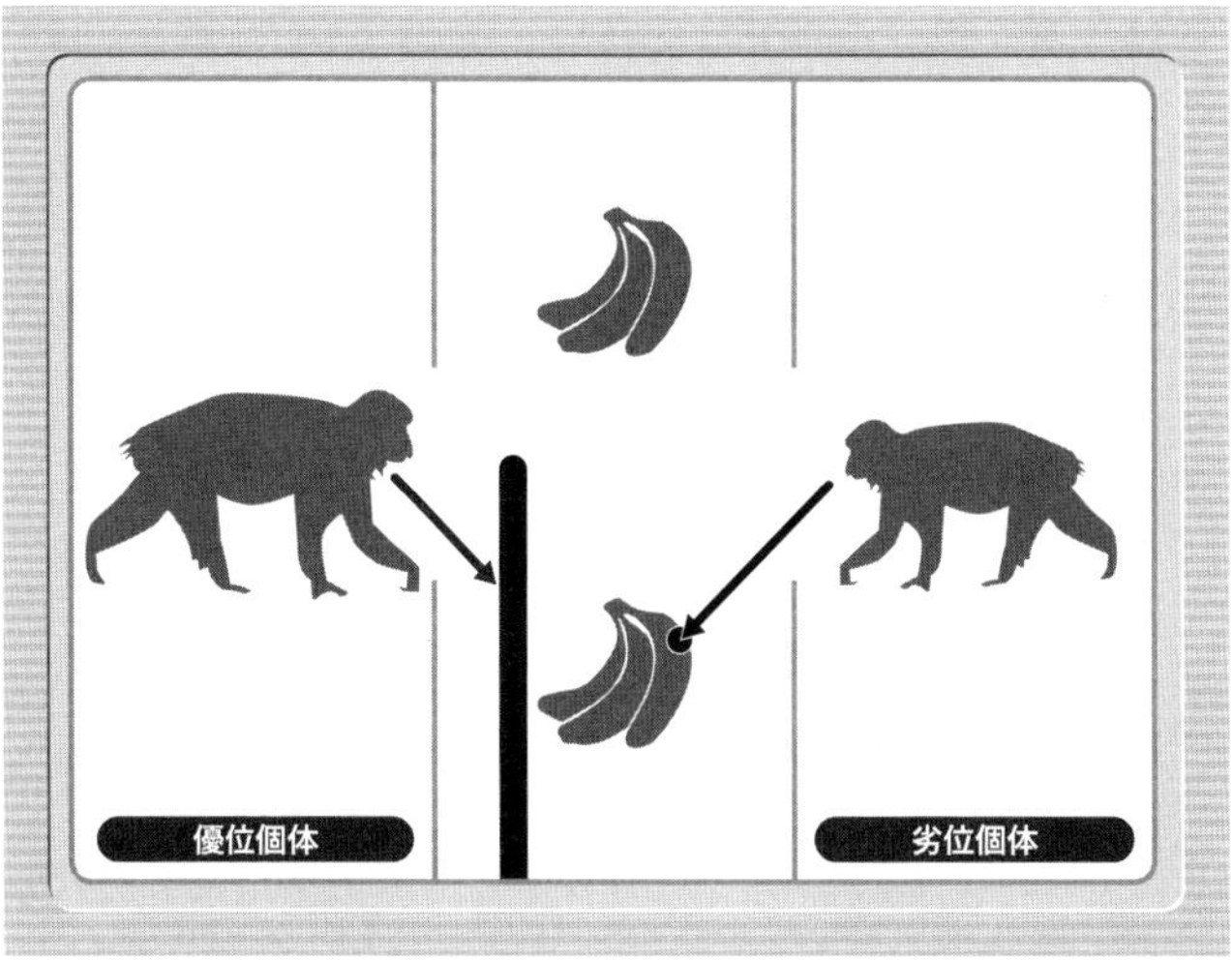

●図4——劣位個体は優位個体が知らない方のエサを取りに行くか？

しょうか。優位の相手と同じエサを取り合っても、劣位の自分は食べることはできないはずです。ならば自分にだけ見えているエサの方に行くのではないでしょうか。実際、劣位のチンパンジーはそのように動きました。これはカラスでもカケスでも同様の結果が出たといいます。

これは「競争的知能」と呼ばれるもので、相手が何を考えているかを読みとって、競争条件で自分が勝つことをするという知能は、動物には備わっているのです。

ヒトが持つ共感と幻想

一方でヒトの子どもは、競争的な知能ではなく、協力的知能がとても小さい頃から発達しています。これはハンガリーでの研究ですが、コンピュータの画面上に山を描いて、イラストの丸が山に上ろうとしている絵を子どもに見せます。そこに三角形が出てきて、丸を押してあげるように動き、頂上まで行くことができました。次に四角形が出てきて、逆に丸を押し戻そうとするアニメを見せます。この二つを見せた後で、子どもに三角形と四角形の積み木を見せて、「どっちが好き?」と聞くと、「いじわるな四角形は嫌い」と答え、やさしい三角形を手に取ります。このように相手が何を欲しているか、相手が何をしたがっているのか、相手に何をしてあげたら喜ぶのかについて、ヒトは子どもの頃からものすごく敏感です。

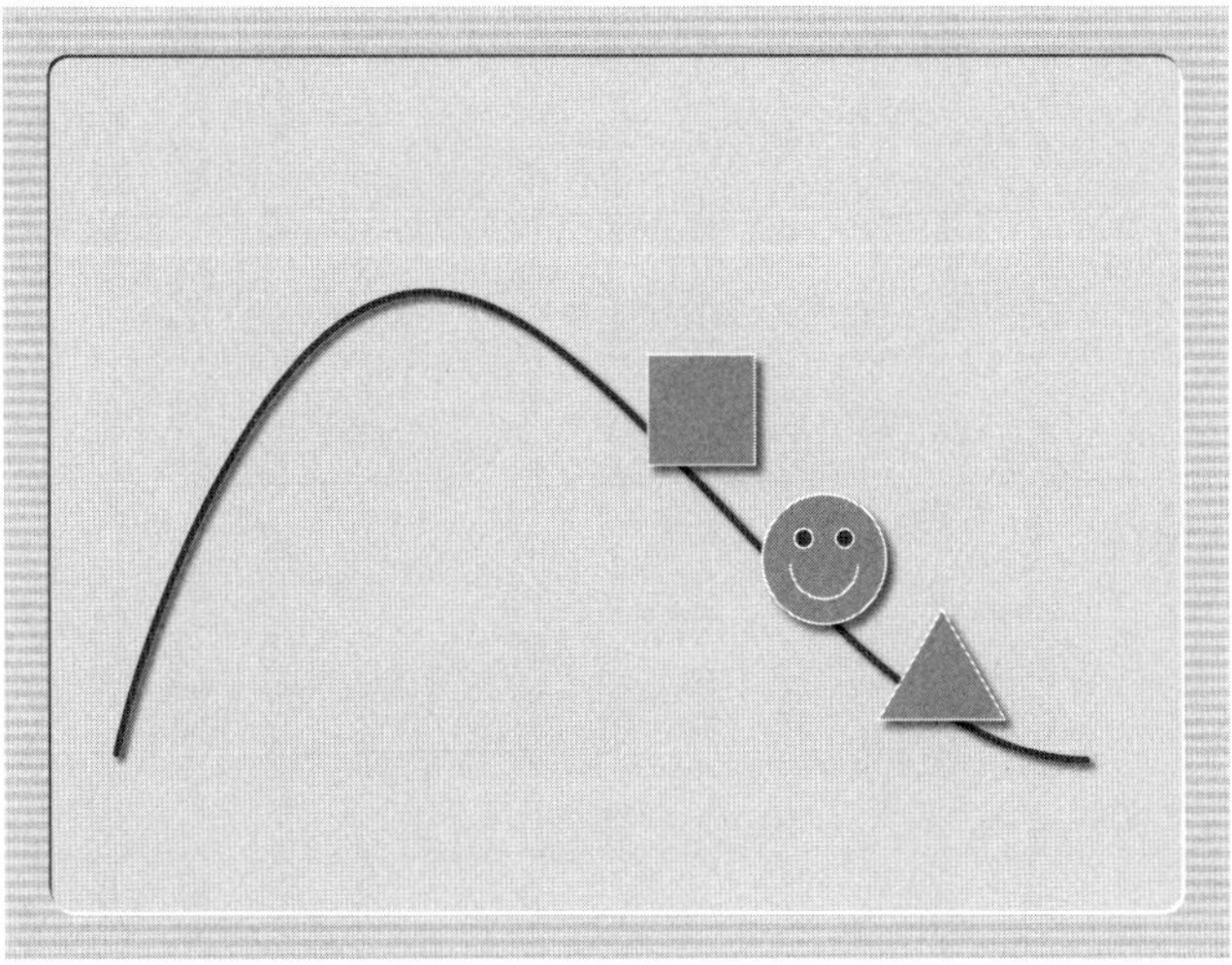

●図5――優しい三角形といじわるな四角形

そこで先ほどの競争的知能の実験をしたグループが、ヒトの二歳の幼児、チンパンジーとオランウータンについて、同じ知能テストをしました。すると物理的な現象についてのテストでは全員同じような得点でしたが、相手が何をしたがっていて、何をしてあげると喜ぶのか、相手は何を見ていて、何に気付いているかなど、社会的に他者を慮ることの元になる心の理解、いわば共感する能力については、チンパンジーとオランウータンは二歳の幼児に遠く及びませんでした。

では、ヒトとヒトが互いに共感し合うことで、何が生まれるでしょうか。赤ちゃんとお母さんのそばにイヌがいるとします。赤ちゃんがイヌを指差して、「あーあー」とか「ワンワン」などと言うことがありますね。それを見たお母さんも赤ちゃんに「そうね、ワンワンね」と答えます。これが言語の始まりであり、人間の子どもは生後まもなく、こういう行動をします。さて、この時に赤ちゃんの頭の中で何が起こっているかというと、イヌの心的なイメージが生まれているはずです。そしてお母さんは「ワンワン」と言っている赤ちゃんを見て、「赤ちゃんがイヌを見ている」という心的イメージを持ちます。これに加えて、赤ちゃんの方でも「お母さんがワンワンを見ている」という心的イメージを持つようになります（三項関係）。赤ちゃんの頭の中のイメージと、お母さんの頭の中のイメージは決してつかみとることができないため、同じことを思っているという保証はどこにもありません。ある意味、幻想かもしれません。しかしわれわれヒトは、お互いに眼を見交わしたり、表情を読んだり、指を差したり、言葉を発することで、お互いの心的イメージが同じであるという幻想を共有することで、社会をうまく回しているわけです。

ところがチンパンジーはこうした幻想を持っていないのでしょう。自分の心的イメージと同じものを、相手が共有してくれていることが分からないのだと思います。だから自分が必死にジュースを取ろうとしているのに、ステッキを渡してくれない相手に怒ることもないし、相手が自分に助けを求めているとは思わないので、要求されない限りステッキを渡すこともないのです。

しかしヒトは、まだ言葉を発することができない赤ちゃんの頃から、さまざま手段を使って、相手との間で互いの心的イメージを合致させようとします。私はこれが共感の基礎であり、言語の基礎であり、みんなが一致協力して何かをする基礎であり、社会という枠組みの基礎でもあると思います。これこそが、ヒトらしさの最大の特徴ではないでしょうか。また同時にゲーム・シミュレーションで用いられる単純なプログラムとも決定的に異なっている点です。ですから従来のゲーム理論でのアプローチでは、ヒトが進化の中で、現在のような心理メカニズムを持つに至った過程を解き明かすことは難しいと思います。

先にも述べたように、他者の心はつかみとって見ることはできず、あくまでも推定することしかできません。だからこそ、ヒトは、誤解する（される）、感情のすれ違い、あなたはわかってくれない（あの人はわからない）などということに、これほど繊細で、敏感で、執着するのです。いわば「ウルトラ好社会性」を備えた動物なのです。おかげでヒトの社会は大変複雑なものになってしまいましたが、他者と本当に分かり合えたと感じられた時、ヒトはこの上ない喜びを感じるのです。

協調的世界像の起源

大橋 力

協調的世界像の源は〈心〉か〈事象〉か

私と仲間たちが協調的世界像、そして利他性と芸術にかかわる実証的な研究を始めてから、四半世紀をこえてしまいました。手作りの研究から生まれたなじみにくい理論や、複雑に入り組んだモデルを含むその内容を限られた時間でわかりやすくお話しすることは、不器用な私には到底無理なことです。そこで協調的世界像の起源に的を絞り、荒削りになることを恐れず、骨組だけでもお伝えしたいと思います。

私の立場は、利己主義や競争至上主義の温床になった非情で呵責のない現代生命科学から脱出したり、それを否定して、協調的世界像をこと挙げしようというものではありません。むしろ、現代生命科学の土俵に進んでのぼり、その呵責のない作法にのっとって、この文明を蝕む自己中心的、反協調的世界像の空白や限界を容赦なく追求し、協調的世界像や利他性の優越を否定できないものに導こう、問題の核心を生命科学的に直撃して無力化しようというものです。

今日のシンポジウムのフライヤーから、協調的世界像を表す言葉を拾ってみました。「貢献する心」「恵み合う喜び」「他者を思う心」などは、その源を〈心〉つまり〈脳〉の働きに求めることができます。一方「貢献」「相互扶助」「互恵性」などは、脳も心もない生き物の世界でもありうるでしょう。脳が登場する以前の地球生命に兆していたそのような世界像、――ここでいう〈世界像〉とは、生物学者フォン＝ユクスキュルが唱えた〈環世界〉のようなものです――すなわち〈協調的世界像〉の祖型（プロトタイプ）が進化を遂げ、脳の中で枝葉を繁らせて、思いやりとか慈悲といった「心の花」を咲かせた、と考えてみることにしました。

これから、そうした利他的な現象が地球生命に初めて現れたであろう姿に遡ってみようと思います。

それに先だって、まず〈利他〉の概念を整えておきます。辞書をみると、「自分を犠牲にして他人に利益を与えること」（広辞苑）、また、生物学的には「ある個体が自己の生物的な不利益にもかかわらず他個体に生物的な利益を与える行動」（岩波生物学辞典）とあり、適切に説明されている感じがします。しかしよく見ると、「自己犠牲、自己の不利益」という条件がついているため、犠牲を払わない貢献は、厳密にいえば除外されてしまいます。また、「個体から個体へ」となっているので、例えばよく使われる利他のキーワード「人のため、世のため」の中の、「世のため」という社会システムに貢献する部分が外れてしまいます。

そこで私は、そうした不具合を除いた自家用の利他の定義をつくりました。[★01] それは「ある個体が、自己の生物的な不利益のあるなしにかかわらず、自己の属する生態系の部分と全体に生物的な利益を与える現象」というもので、こうすると、自己犠牲抜きの共存共栄でも、貢献がエコ・システム全体に及んでも、利他の概念から除外されずに済みます。

プログラムされた自己解体モデル

ここで、地球生命が、寿命により、あるいは病気や怪我によっていつか必ず命を終え、土に還る、という現象に注目します。この現象の背景として私たちは、「地球生命の基本単位〈細胞〉は、あらゆる地球生命にもっとも再利用しやすい共通部品へと自分の躰を自ら解体して環境に返し、生態系の原状回復に貢献する〈利他的自己解体を伴う自律的な死〉の仕組を例外なく具えている」というメカニズムを想定し、これを〈プログラムされた自己解体モデル〉と名付けて、一九八七年に発表しました。[★02]

そして、この生命システムを数理的にモデル化しました（図1）。母体になったのは、フォン＝ノイマンの一九四八年のヒクソン・シンポジウムでの歴史的な講演"The General and Logical Theory of Automata"の中で述べた〈自己増殖オートマトン〉の数理モデルです。

ごく簡単に説明しますと、このオートマトンは、データ・テープに書かれたプログラムどおりに物を造るロボットDと、それにセットするプログラムが書かれたテープIから構成されます。ロボットDはテープコピー機能も、もっています。ここで、ロボットDそれ自身の設計図を書き込んだテープI^{D}を造りそれをセットした工作ロボット$D+I^{D}$＝Eは、自分自身とまったく同じ$E=D+I^{D}$を造ることができます。このオートマトンは、外から力が加わらないかぎりそのまま存在し続けます。つまり不老不死です。私たちは、これに自己解体を伴う死の仕組を組み込みました。

フォン＝ノイマンのモデルでは、テープI^{D}にそれ以外のデータFを書き加えた$D+I^{D+F}$は、EにFというモジュールがプラグインされたロボットE^{F}を生むことができます。私たちは、このプラグイン・モジュールFの一形式として、ロボットの全身をその部品に分解する働きをもつF^{Z}というものを考えました。その働きは平素は眠っていて、引金を引かれると目醒めてロボット全体を再利用可能なパーツに分解します。その引金を引くのは、第一に「寿命が尽き

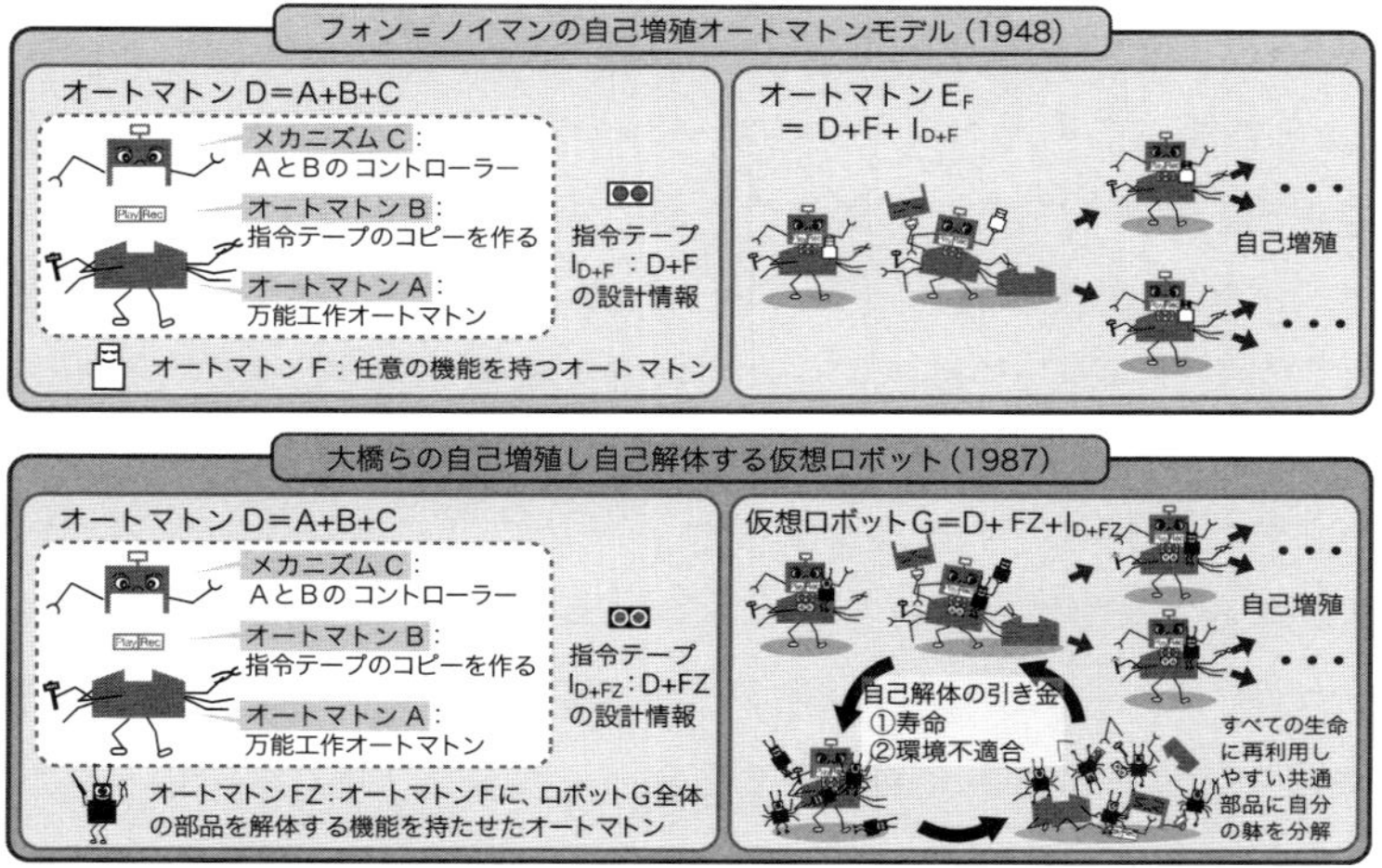

●**図1**——フォン＝ノイマンの自己増殖オートマトンモデルを祖型にして自己増殖し
自己解体する仮想ロボットを設計（大橋ら、科学基礎論研究、Vol.18、1987から作図）

たとき」、第二に「適応不可能な環境に出逢ったとき」、とします。この自己増殖し自己解体するロボットGは、D+FZ+I_{D+FZ}と表すことができます。

仮想生態系上での「有死の生命」と「不死の生命」の増殖シミュレーション

続いて、このモデルに基づく人工生命を、地球生命と共通性の高い「人工化学」という最新鋭の形式で造りました。コンピューターの中に生きるヴァーチャルなロボットです。これは四種類の仮想元素からなり、仮想蛋白質、仮想DNAなどをもち、進化することもできる、かなり高度な人工生命です。自己解体モジュールの働きで自己解体を伴う死を実現する「有死の生命」、そして、それと同一だけれども自己解体機能がなく死なない「不死の生命」という二種類のヴァーチャルなロボットを、コンピューターの中に造りました。

この二種類のロボットを、生育にもっとも適した条件が均等に無限に拡がるふたつの仮想生態系にそれぞれ一個体ずつ植え、増殖シミュレーションを行ってみました[★01]。当然のことながら、死ぬことのない生命がより盛大に増殖するのに対して、生まれる一方で死んでいく有死の生命の増殖力は、ずっと劣ります（図2上）。次に、この二種類のロボットをひとつの環境に共存させると、有死の生命は不死の生命に圧倒されて、絶滅します（図2下）。この結果はいわば当

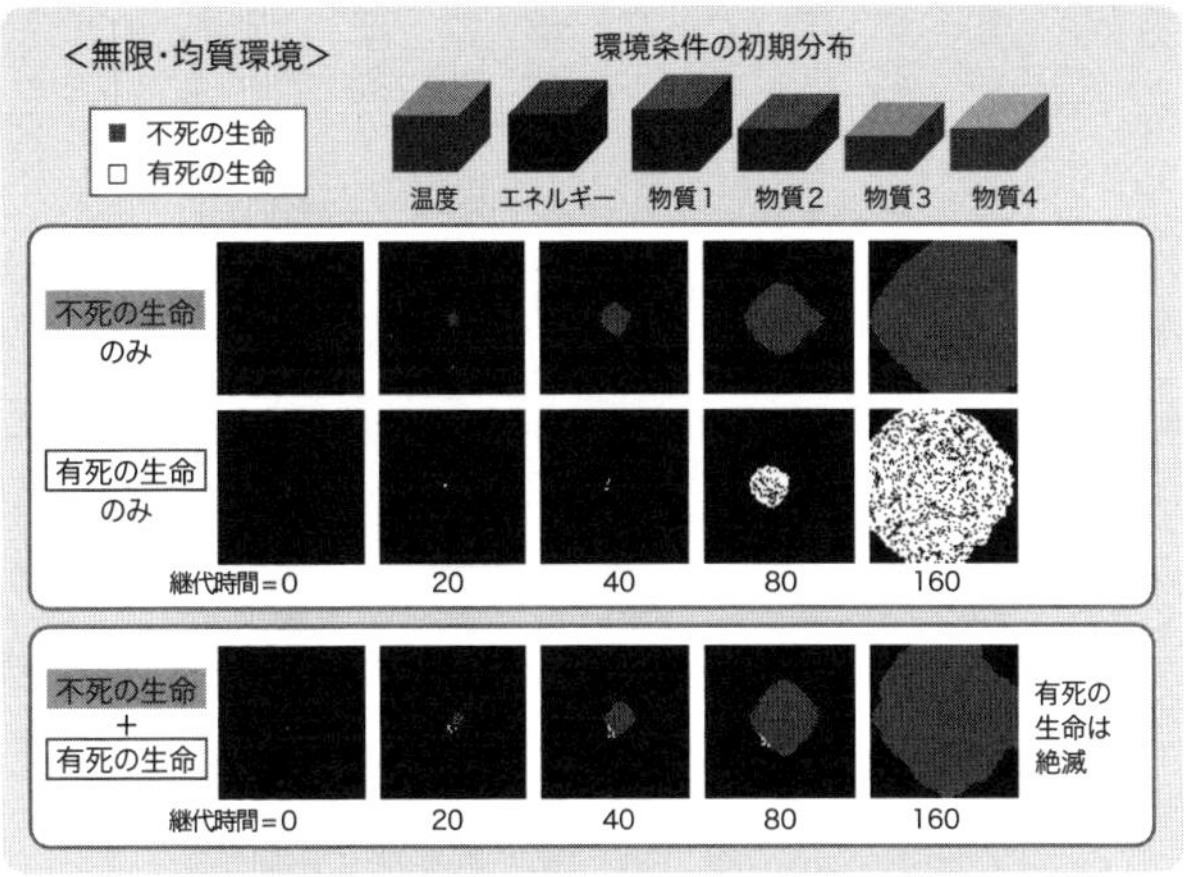

●**図2**——最適条件が均質無限に拡がる環境では不死の生命が圧倒的に繁栄
（大橋ら、科学、Vol.81、2011から作図）

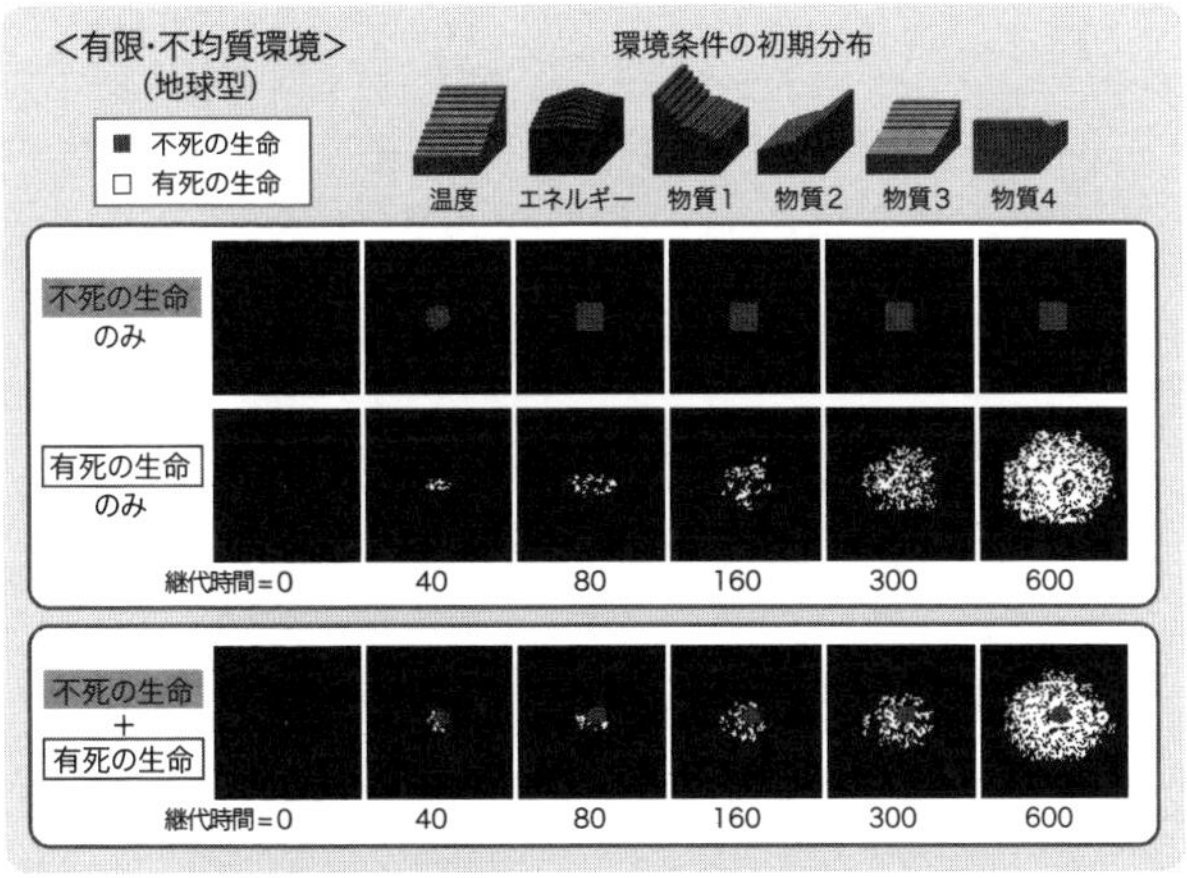

●**図3**——有限で不均質な地球型環境では利他的自己解体を伴う有死の生命が
不死の生命を圧倒して繁栄（Oohashi T. et al., *ECAL'99*, 1999 から作図）

たり前で、どなたにも受け入れやすいと思います。この実験で設定された環境は、どこをとっても理想的な条件をまったく均質に具えた無限の環境でした。しかし実際の地球環境は有限である上に、場所ごとに条件が違う変化に富んだ不均質な世界です。

そこで、生命活動に必要な物質やエネルギーが場所ごとに異なる有限で不均質な地球型仮想環境の上にさきに設計した自己増殖するロボットを搭載した仮想生態系シミュレーター〈SIVAシリーズ〉を造りました。この生態系の中では、ロボット固有の生命活動に適した場所では増殖が盛んに行われる一方、不適合な場所では増殖は困難になります。

この新しいシミュレーターの中に、有限で不均質な地球型の仮想環境をふたつそっくり同じに造り、それぞれの中央に、そこを最適環境とする不死の生命と有死の生命とを一個体ずつ植えて増殖させました。★03 そうすると、不死の生命は、初めは勢いよく増殖するものの、居住範囲が拡がってより不適合な場所に達すると、当然ながら増殖が頭打ちになります（図3上）。ところが、有死の生命はなぜか、個体数は少ないながらも頭打ちにならず、版図を拡げています。さらに、不死の生命と有死の生命とを同じ生態系に共存させると、不死の生命が頭打ちになる一方、有死の生命は尻上がりに版図を拡げ、やがて不死の生命を圧倒する、という思いがけない結果が出てきました（図3下）。

この不思議な現象の謎を解いてみましょう。有死の生命では、自己解体によって生体の部品と棲み場所が環境に返され、それを使って自己複製がリサイクルされ、その中で突然変異がたくさん生まれます。それらの中に、初めには生きていけなかった環境に進出できるミュータントが次々に誕生して個体分布を大きく拡げていきます。それに対して、不死の生命は途中で頭打ちになってしまい、以後そのままです。利他的自己解体を伴う死の遺伝子が、進化的環境適応を加速させて子孫を繁栄させていたのです。

次に、環境に返される部品がリサイクルされるときの効率の良さという切り口から利他性の度合を三つの段階に設定した有死の生命をつくり、利他性をまったくもたない不死の生命も加えて比較しました。そうすると、そのまま再利用できる部品を環境に返す利他性が最大の生命がもっとも繁栄し、リサイクルエネルギーをより多く必要とするものほど繁栄の度合が下がり、不死の生命では増殖が頭打ちになることが示されました。さらに、この四つの生命を共存させると、不死の生命が頭打ちになる一方で、生態系全体への利他的貢献のもっとも高い有死の生命が他を圧倒して繁栄し、利他性の低いふたつの有死の生命は、絶滅しました。[★04]

次に、有死の生命の貢献が、これまで見てきた自分の生命活動の後始末、という部分に止まらず、共存する不死の生命を含んだ生態系全体をカバーする高いレベルに達するとどうなるかをシミュレートしてみました。不死の生命と有死の生命とが共存する生態系の泣きどころは、不死の生命が増殖できる環境を埋め尽くすと自己複製がストップして突然変異が生まれなくなり、進化的環境適応が閉塞してしまうことです。こうして形成されるリサイクル不可能な領域は、不毛の地として生態系を蝕みます。そこで、閉塞したまま何世代もフリーズしている不死の生命を特定して有死の生命の〈自己解体モジュール〉に解体をサービスさせ、部品と空間のリサイクルを助けることを試みました。★01 そうすると、不死の生命が閉塞から救出されて自己複製を再開するとともに、不死の生命たちが占有していた不毛の地もよみがえり、生態系全体の活性が高まります。ところが、実験が進行するに従って、有死の生命が徐々に不死の生命を圧倒していって、最終的には利他的有死の生命が利己的不死の生命を絶滅させる、という驚きに満ちた結果が出てきました(図4)。

生きた細胞を用いた自己解体メカニズムの実証実験

このようなさまざまなシミュレーションは、有死の生命に象徴される協調的利他的世界像を宿した生命が、不死の生命に象徴される利己一辺倒で協調的利他的活性をもたない生命よりも優越している可能性を強く示唆します。しかしこれはあくまで、コンピューターの中のヴァー

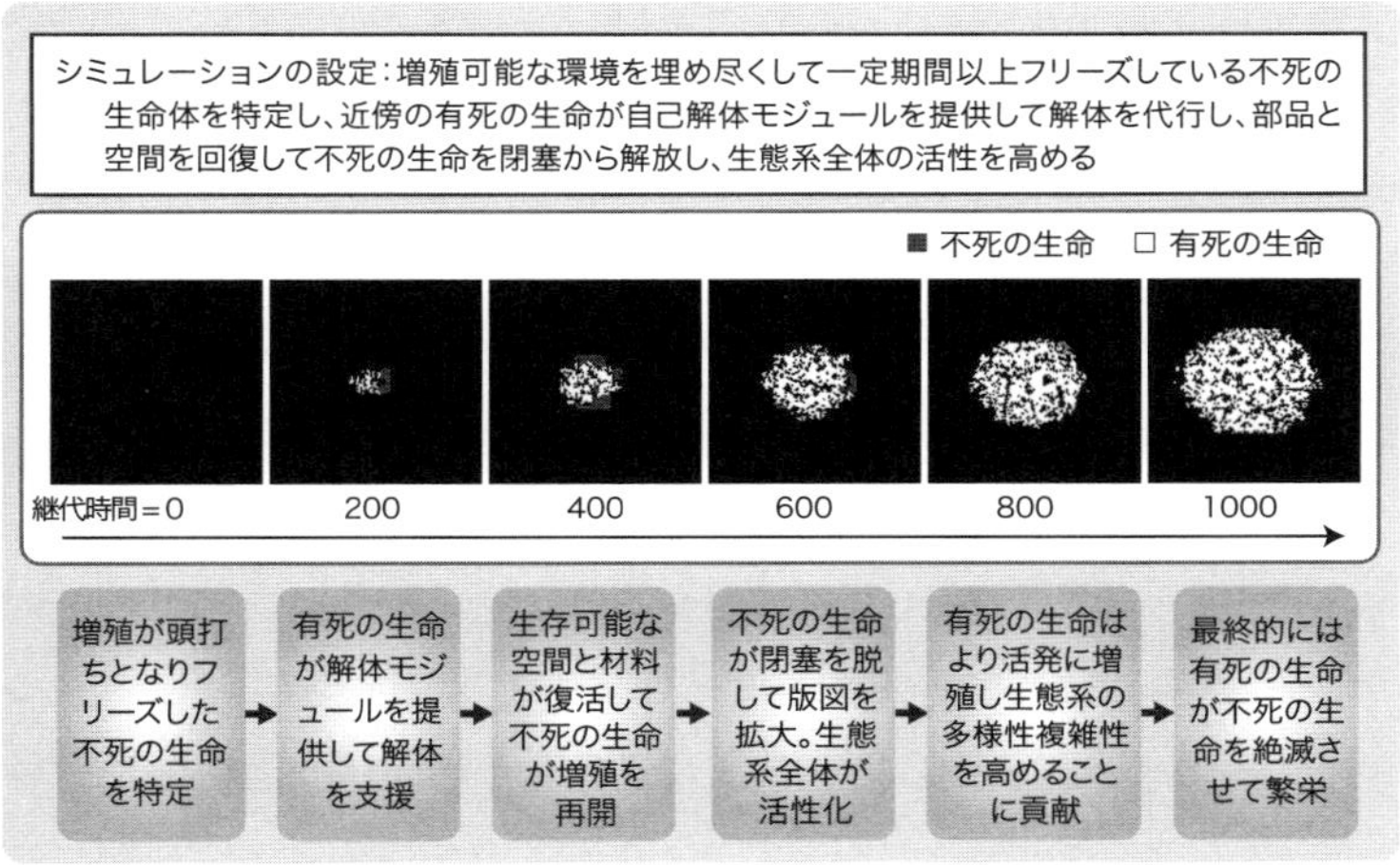
シミュレーションの設定：増殖可能な環境を埋め尽くして一定期間以上フリーズしている不死の生命体を特定し、近傍の有死の生命が自己解体モジュールを提供して解体を代行し、部品と空間を回復して不死の生命を閉塞から解放し、生態系全体の活性を高める
■ 不死の生命
□ 有死の生命
継代時間＝0
200
400
600
800
1000
増殖が頭打ちとなりフリーズした不死の生命を特定
有死の生命が解体モジュールを提供して解体を支援
生存可能な空間と材料が復活して不死の生命が増殖を再開
不死の生命が閉塞を脱して版図を拡大。生態系全体が活性化
有死の生命はより活発に増殖し生態系の多様性複雑性を高めることに貢献
最終的には有死の生命が不死の生命を絶滅させて繁栄

●**図4**——生態系の部分の最適化と全体の最適化の両立に貢献する協調的利他的世界像を宿した生命の優越性（大橋ら、科学、Vol.81、2011から作図）

チャルな現象にすぎません。そこで、協調的世界像の原点になる〈プログラムされた自己解体メカニズム〉が地球生命に実在しているかどうかを、実際の生きた細胞を使って調べてみることにしました。

まず、私たちのロボットGを地球生命の真核細胞に見立てます。すなわちそのDを細胞の躰に、指令テープI^{D+FZ}をそのDNAに、そしてFZを〈リソソーム〉というオルガネラに見立てました。オルガネラというのは、真核細胞の中のユニットで、瀬名秀明さんを一躍SF界のスターにした偉大な作品『パラサイト・イヴ』（新潮文庫）の主人公〈ミトコンドリア〉は、その代表的な存在です。リソソームは、蛋白質のような〈生体ポリマー〉をその再利用可能な部品であるアミノ酸のような〈モノマー〉に分解する〈加水分解酵素〉を、いろいろな種類にわたって凝縮してつめ込んだミクロな袋です。実験材料として、単細胞原生動物の一種、〈テトラヒメナ〉を選び、そのDNAに自己解体の引金を引かせる、つまり〈引導〉を渡す、インパルス・ショック法と名付けたやり方を打ち立てました。[★04]

図5のように、インパルス・ショック後一時間くらいで、自己解体モジュール、リソソーム（蛍光染色をするとオレンジ色に光る小さな袋）が突然増え始め、どんどん増加して、四時間くらいで細胞内いっぱいになります。この状態に達すると、リソソームの袋が一斉に破れていろいろな加

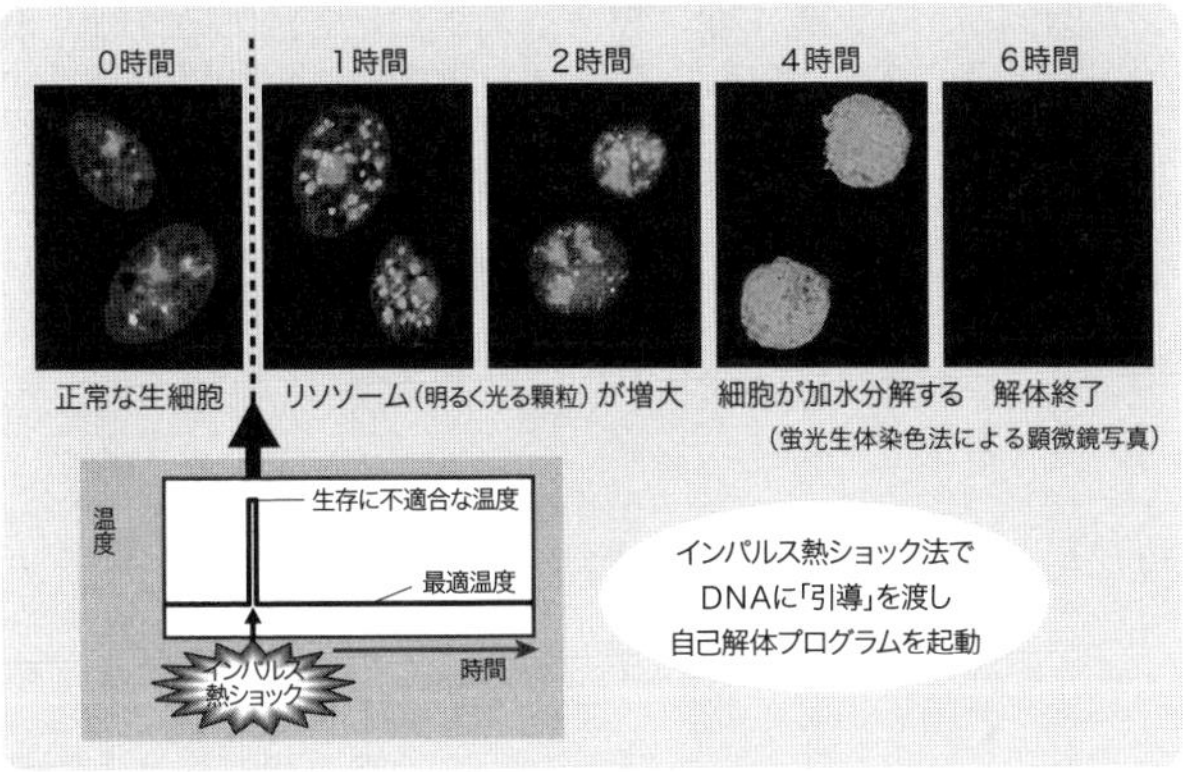

●**図5**——単細胞原生動物テトラヒメナを使ってフラスコの中で理論モデルどおりに実現した自己解体（Oohashi T. et al., *Artificial Life*, Vol.15, 2009 から作図）

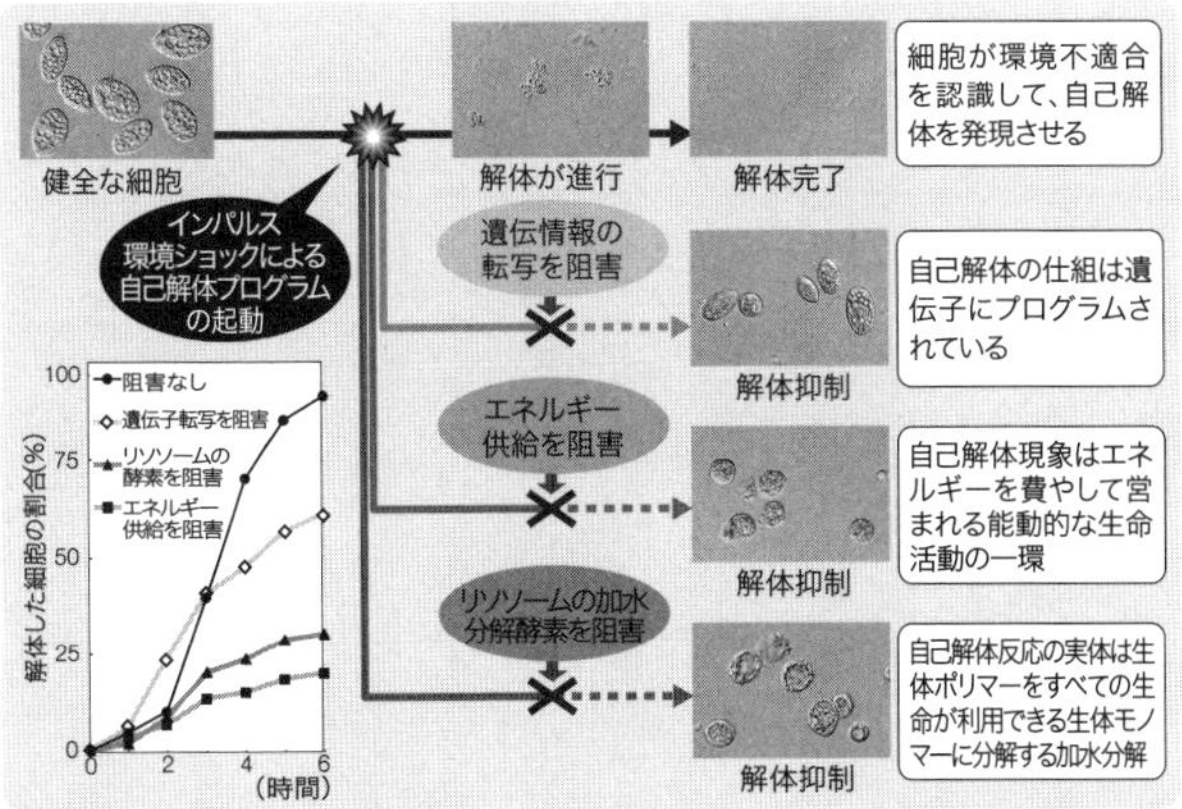

●**図6**——自己解体の実体は遺伝子にプログラムされたエネルギー注入下に進行する加水分解反応（Oohashi T. et al., *Artificial Life*, Vol.15, 2009 から作図）

水分解酵素が細胞内に放出され、急速に細胞の中身を分解し、最後に細胞膜まで溶かして、六時間くらいで細胞は消えてしまいます。インパルスpHショックでは、二時間くらいで細胞が溶けてしまうこともあります。こうして、実在する地球生命において、自己解体をモデル通りに、いとも鮮やかに実現させることに成功しました。

自己解体を人為的に起こして仕組を調べる道が拓けたので、そのメカニズムの肝心なところを単純明快に押さえる細胞分子生物学的な実験を企てました。まず、DNAにインパルス・ショックを与え、自己解体のスイッチを入れると同時に、その情報がmRNAに転写される過程を阻害剤でブロックしてしまいます。そうすると、細胞の形がそのまま残った状態で解体の進行が抑えられます。これは、自己解体の仕組が遺伝子にプログラムされている、という私たちのモデルを支持する結果といえます。

次に、インパルス・ショックとともに酸素供給を止めて、細胞がエネルギーをつくれないようにすると、同じく自己解体が抑えられます。これらふたつの実験は、自己解体が、遺伝子制御のもとに細胞自身が造りだすエネルギーを費やして行われる能動的な〈生命内過程〉であることを示します。死という現象は、生きることの一環として行われる生命活動の一コマであるとした私たちのモデルを、支持する結果です。さらに、リソソームのつくる加水分解酵素の働きを止める阻害剤を加えても、自己解体は抑えられます。これは、自己解体の実体が、生体ポリマーをその再利用可能な部品、モノマーへと加水分解する過程である、とした私たちのモデルを支持する結果です。

以上は原生動物の一種に限られた実験結果ですが、〈プログラムされた自己解体〉が、現存する地球生命に実在する可能性を支持するひとつの材料になりえます。しかもこれは、高校の理科室でも再現可能なほど単純素朴な実験から導かれたがゆえに、その説得力はむしろ著しいといえます。

ここで、これまでの知見をふり返りますと、従来の生物学の常識や感覚からするとかなり奇妙で、にわかに受け入れがたいようなところがいくつもあります。例えば、「死ぬ生命が不死の生命を圧倒して栄える」とか、「もっとも利他性の高い生命がもっとも繁栄する」とか、「利己的な不死の生命を進化的閉塞から救出する利他的な有死の生命が利己的な不死の生命を圧倒し絶滅させてしまう」など。さらにそのような協調的利他的世界像を象徴する〈プログラムされた自己解体メカニズム〉が実際の地球生命に組み込まれている可能性を否定できない実験結果が得られた、となると、確かに穏やかではありません。

いったいこの奇妙な利他的死の遺伝子は、どこからやってきたのでしょうか。

そこで、再び仮想生態系〈SIVAシリーズ〉にもどって、有死の生命の誕生（進化的発現）について検討してみました。私たちのモデルでは、不死の自己増殖ロボットの遺伝子が「I^{D}」で表せるのに対して、有死のロボットのそれは「I^{D+FZ}」で、利他的死のプログラムI_{FZ}の分だけ不死のロボットよりも長くなっています。フォン＝ノイマンのモデルでは、テープのデータが増えて長くなることは、進化を意味します。そこで「原始的な不死の生命が、利他的自己解体を伴う死の遺伝子を進化的に獲得して洗練され、有死の生命が誕生した」という仮説を立てました。

この仮説を検証するために、利己的不死の生命だけが先住する生態系の中に、その先住不死生命の突然変異によって協調的世界像を宿した利他的有死の生命が一個体だけ誕生したとき、どのような運命を辿るのかをシミュレートしました。その結果、ほとんどの場合、初めて誕生した有死の生命は先住する不死の生命に圧倒されて絶滅します。しかし、ごくわずかながら無視できない確率で（五〇〇回のシミュレーションあたり七回くらいの割合で）、有死の生命が絶滅をまぬがれることがあります。一旦そうなると、有死の生命は不死の生命を進化的閉塞から解放しながら自らも増殖していきます。その間に、有死の生命が不死の生命を圧倒する勢いを見せるようになり、最終的には、新参の有死の生命が先住する不死の生命を絶滅させてしまいます。

この結果は、まず、「協調的利他的な自己解体を伴う死の遺伝子はどこから来たのか」について、「不死の生命の遺伝子が突然変異によって利他的自己解体を伴う死のプログラムを獲得し、有死の生命へと進化した。この進化は、有死の生命に、不死の生命を圧倒して繁栄する生存戦略をもたらし淘汰の勝利者にした」ことを示すものです。

このシミュレーションはまた、「すべての地球生命は、なぜ、必ず死ぬのか。地球上にはなぜ、不死の生命が存在しないのか」という重要でありながら明解な説明に恵まれていない問題について、新しい理解を導きます。それをあえて一言でいえば、「原始的不死の生命から進化的洗練によって生み出された協調的利他的自己解体を伴う有死の生命が、その優越性によって不死の生命を圧倒し絶滅させつつ地球全体に普遍的に拡がった。それゆえ、もはや地球上には、敗者である不死の生命は存在しない」という認識です★01。

私たちが必ず訪れる自律的死というものを約束されていることは、実は、原始的な利己的不死の生命を殲滅して地球全体に普遍的に拡がった輝かしい進化の勝利者である協調的利他的生命の遺伝子を私たちが受け継いでいることの証です。私たちはこのことに誇りと歓びを覚えてよいのではないかと思います。

「利己」対「利他」という二項対立の無意味さ

この研究から導かれたもうひとつの大切な認識として、「利己的か利他的か」といった二項対立構造の崩壊が挙げられます。〈自己保存〉と〈自己複製〉は、〈生命の原点〉であると同時に〈利己の原点〉でもあり、両者は切り離せません。生命と利己とはほとんどトートロジーに近い関係にあるといってよいでしょう。したがって、生命をプログラムした遺伝子が利己的であるのは始めからわかりきった話で、「利己的遺伝子」という言葉にうろたえる必要はないはずです。自己保存と自己増殖するだけの原始的な不死の生命は、いわば利己一辺倒です。

これに自己解体プログラムが進化によって書き加えられ、利他プラグインがアドオンされた［利己と利他の合一体］が有死の生命に他なりません。しかも、この利他プラグインを働かせる動力は、利己的オートマトン本体のエンジンから供給されるため、利己本体の働きなくしては利他の活性は現れません。このことは、テトラヒメナ細胞を使った実験で、菌体を窒息させてミトコンドリアの中のTCAサイクルというエンジンを切ると自己解体が止まってしまう先に述べた実験からも理解できます。この認識に立つと、「利己対利他」という二項対立、二律背反あるいは二者択一的な問題設定が意味をなくします。なぜなら、利他生命というものは、固有のプラグインユニットを搭載した利己生命の一種であるといっても、それを否定できないから

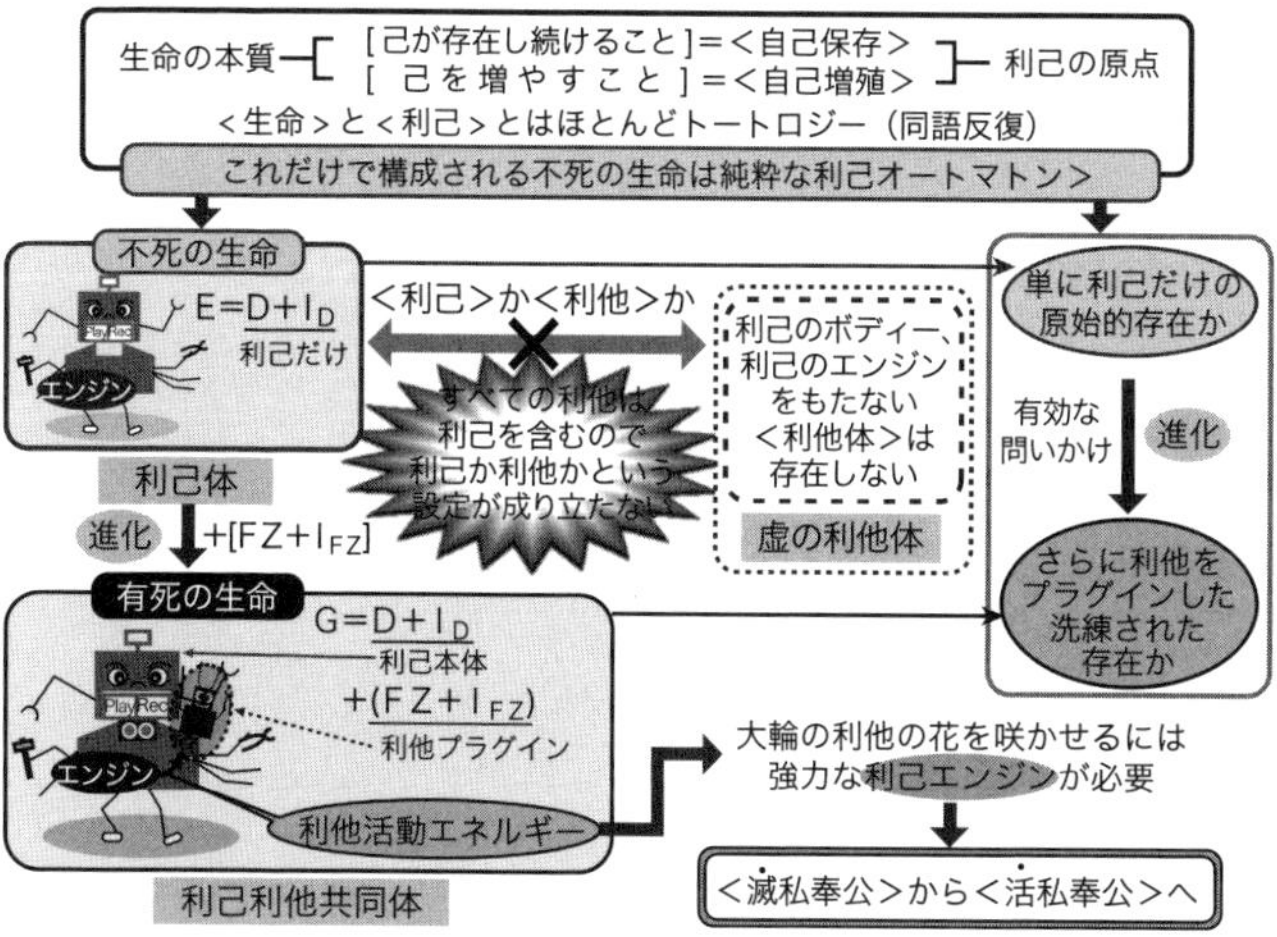
生命の本質
[己が存在し続けること]=<自己保存>
[己 を 増 や す こ と]=<自己増殖>
利己の原点
<生命>と<利己>とはほとんどトートロジー(同語反復)
これだけで構成される不死の生命は純粋な利己オートマトン>
不死の生命
E=D+I_D
利己だけ
エンジン
利己体
進化
+[FZ+I_FZ]
<利己>か<利他>か
すべての利他は利己を含むので利己か利他かという設定が成り立たない
利己のボディー、利己のエンジンをもたない<利他体>は存在しない
虚の利他体
単に利己だけの原始的存在か
有効な問いかけ
進化
さらに利他をプラグインした洗練された存在か
有死の生命
G=D+I_D
利己本体
+(FZ+I_FZ)
利他プラグイン
エンジン
利他活動エネルギー
利己利他共同体
大輪の利他の花を咲かせるには強力な利己エンジンが必要
<滅私奉公>から<活私奉公>へ

●**図7**——〈利己〉と〈利他〉との二項対立の終焉(原図)

です。つまり、利己抜きの純正の利他というものが存在せず、すべての利他は「利己まじり」になるに違いないため、「利己か利他か」という二項対立構造が成り立ちません。それに対して、例えば、「単に利己的であるだけの原始的な生命か、それに利他プラグインが搭載されたより洗練され優越した生命か」とか「利他プラグインの性能はどのようなものか」、「利他プラグインが故障していないか」といった問いかけならば有効です。

　同時にこのことは、エンジンになる利己的活性が力強くないと、利他プラグインの咲かせる花は大輪にはなりえないことを教えるものでもあります。つまり、より利他的であろうとするためには、よりたくましい利己の活性を養わなければなりません。もちろん、利他のエンジンとして働く利己性のたくましさを、自己犠牲を伴わないことなどを理由に非難することは、筋違いも甚だしいわけです。したがって、「利己を棄てなければ本当の利他ではない」といった決めつけや、「〈自己犠牲〉が利他の必要条件」であるといった考えは見直すべきでしょう。より適切なものとして、〈滅私奉公〉に代わる〈活私奉公〉というスローガン[★01]を提案したいと思います（図7）。

地球は〈利他の惑星〉

駆け足でひどく短絡的になってしまいましたが、フォン＝ノイマンの自己増殖オートマトンを祖型にしたもっともシンプルな生態系を舞台に、協調的世界像に根ざす利他的生命が、単に利己的であるだけの生命よりも優越することをいろいろな切り口から描き出してきました。

一見逆説的なこれらの結果を導いた影の力は、協調的利他的自己解体を伴う死をもつ生命たちに宿された「エコ・システム全体の最適解とその部分の最適解とを調和的に両立させ遂には同一化させるベクトル」です。これこそ協調的世界像の真髄に他なりません。この世界像のもとにある利他的生命が、それを欠いた利己的生命に時間空間的局所においては劣りがちかもしれないものの、時間空間的大局において逆転優越する必然性は、決して低くないものと信じられます。

そのため、この協調的世界像を宿した地球生命の系譜が有限な地球環境とよく適合して優越性を保ちつつ悠久の時を進化し続け、人類に至った可能性は濃厚だと思います。黎明期のまだ心をもたない地球生命に〈事象〉として芽生え、進化を続けてきた生存戦略〈協調的世界像〉が、いま、人類の脳を通じて言葉として溢れ出始めたのではないでしょうか。今日のシンポジウムも、その一コマではないかと思います。

最後に、「この地球は、協調的世界像を宿して生きる生命たちを選び栄えさせる〈利他の惑星〉である」という新しい考え方を唱えさせていただいて、私の報告を結びたいと思います。

★01——大橋力『科学』Vol. 81, No.1, 83–90(2011)
★02——大橋力他『科学基礎論研究』Vol.18, No.68, 79–87(1987)
★03——Oohashi T, et al., Proceedings of the 5th European Conference on Advances in Artificial Life, 49–53(1999)
★04——Oohashi T, et al., *Artificial Life*, Vol.15, No.1, 29–58(2009)

【討論会】

震災後に語る生命と貢献心

ホモ・サピエンスに備わった「思いやり」の心

――まず他の講演者のお話を聞かれてコメントあるいはご自身のお話に補足されたいことを、一言ずつお願いいたします。

●長谷川――いずれも多岐にわたる刺激的なお話でしたので、全部について語りたいところですが、上田さんがおっしゃった母子の愛に関連することで私の講演の補足をいたしましょう。

「ウルトラ好社会性」というのは、赤ちゃんが生後一四〜一八か月くらいで、他者を助けている画面と助けていない画面とを見分けることができて、助けるほうを好む、というものです。もう少し大きくなって二歳そこそこくらいでも、実験室でお母さんの膝に座らせて、実験者が手に大きな荷物をもって入ってきて、「扉が開かない、開かない」という動作をやっていると、その赤ちゃんはお母さんの膝からピョンと飛び降りて、ちょこちょこっと歩いていって扉を開けてあげる。そういうことを人間の子どもは誰にも教えられなくても、強制されなくてもするような心の働

●長谷川眞理子

きがあるという研究がたくさんあるわけです。それで人間は「ウルトラ好社会性」の生き物だと言える。

では、どうしてそうなったのかというと、人間の子どもって本当にたいへんで、親一人だけで育てることができない。それから大人自身がものすごく複雑な生活をしているので、一人で、独力で食べ物を手に入れていくことができない。二〇〇万年のホモ属の歴史と、二〇万年のホモ・サピエンスの歴史で、人間は他者と協力しなければ生きられない生き物になったので、それを支える心の構造として本質的に他者と理解し合って、同じ思いを共有して、共有することを喜ぶ性向が組み込まれているということです。

●谷川――私の話は哲学と文明の転換点ともなった西洋近代哲学の興隆期の代表的なものを取り上げて、問題の枠組を整理したわけです。特にライプニッツには異なる文明へのしなやかな包容力のある態度がみられます。それからモナドの、映し合いや視点のつながりといった現代的な問題も示されていますので、今日お話しいただいたジャンルの異なるそれぞれの方と、具体的な接点を見出すことができたと思います。今後もいろいろ協力できそうな印象をもちました。

あと一つ、大武さんが最後に言及されて時間切れになりましたが、過度な合理主義が認知症を生み出すかもしれないというところ、もう少し聞かせていただきたいと思います。

◉上田――ものすごく僕も勉強になりました。僕の発表のまとめをかねてみなさんと共通することにふれましょう。

思いやりの心とか貢献心というものを、旧来の心理学や科学の方法論で追求しようとすると、単立して他のものとは関係なしに、私の中に装填されているものとして、分析しかねません。しかし、たとえば阿弥陀様から一度来たものを、もう一回返すとなると、これは交換の一つのサイクルの中に置くことになります。ダライ・ラマも、慈愛は母の愛から来ていて、それが私に行くという。つまり動きの中の関係性……それを仏教では「縁起」と言いますが、そういうものとして思いやりの心というものがある。貢献心自体が他のものと空間的に孤立していたり、時間的にもパッと切り離されて存在したりするものではないということを、強調したい。そのうえで、たとえばロボットだとその単体の時間性の中で思いやりの心はどう育まれ、機能するのか、ということが問題になってくる。

人間にとって他の人に思いやりをもって貢献するということは、まずどこか始原から慈愛の連鎖を受けているはずなんです。これまで自分が受けた思いやりに対する感謝の気持ちが生まれたときに、自分が貢献的な存在に変わっていくということを、古来から哲学や宗教は指摘している。それは私の中を流れていく貢献心の大きな流れに気がつくことであって、単立してある思いやりの心に気づくことではない。つまり、思いやりに気づくとか貢献心に気づくということは、そもそも関係性に気づく。それは生かされていることに気づく、ということになるのではないかと思います。

あともう一つ補足するとすれば、日本の仏教の弱いところは、過去への感謝を説いても未来にふれないことです。後ろ側からの縁起は説く、「ご先祖様に生かされている」とか、「大自然に生かされている。あなたはそれに感謝しなさい。だから、あなたはどんなことがあっても、文句を言わずここで忍耐しなさい」ということは強調するけど、「だから後続世代のためにあなたは骨を折って、周りの人の目を気にしなくていいところは気にしないで、ちゃんと正しいことは言いなさい」とか、そういうことは言わない。これは江戸時代に、民衆を丸め込むというか管理する役割を果たしていたなごりでしょう。もう一回、日本における宗教性の捉え直しということがあるとすれば、前側、将来世代をメインに説いていく。こういうことになるのではないかと思います。

●大武――谷川さんのご希望にそって補足します。『脳に悪い7つの習慣』（林成之著、幻冬舎新書）という本には、たとえば「疲れた」「面倒くさい」という、あるいは常に効率を考える、決められたことだけをする、など……要は、効率を求めすぎるとか遊び心を排するようなことが脳に悪いと書かれています。でも、現代社会に過度に適応した人たちにとって、効率こそが大切なものとされている場合がある、少なくとも少し前はそうでした。それであまりに閉塞感が漂って、最近は「創造的に」とか、「チャレンジしろ」と言われて、学生は逆に困っています。「そんなことを言われても、僕はチャレンジできません」という学生もいたりする。効率至上主義は問題ですが、誰にもチャレンジを求めるというのも行きすぎで、チャレンジする人もいれば、しない人もいる。いろんな人がいるべき、というかいろいろな人がいるのが自然だと思いますが、極論がまかり通ってしまうことがある。
いま高齢者と呼ばれる七〇代の方々は、みんなと一緒にしていれば大丈夫という世代なので、わりと思考停止気味な方が多い。もちろん全部が全部というわけではありません。一口に高齢者と言っても、七〇代と八〇代でだいぶ違う。八〇代の方は物心ついたときに敗戦なので、他者の価値観をあまり鵜呑みにしません。一回ひっくり返されていますからね。七〇代の方は、ひっくり返されたあとの、「これで行けば大丈夫」という世代で、横並びになりがちなところがある。そういう方たちは、時代の空気に合わせすぎて、自らの思考がかなり制約されてしまうところがある。特に社会システムに過度に適応した結果、認知症が引き起こされている面もあるように見える。

遊び心を排さない仕組のようなものをあえて作る必要性を感じています。過度な合理主義、特に効率至上主義によって組織を最適化すると、結局個人が最適化されないので、一人ひとりに戻ったときに、組織において担った役割において活用しなかった認知機能があることになる。一人では身の回りのことができない高齢者をうみだして、ひいては認知症の要因ともなっている。長谷川さんが、人間は一人では生きていけない生き物だとおっしゃって、まったくそのとおりなんですけれど

●大武美保子

も、ただ、ある程度自分でひと通りのことができないとなると、組織から出て一人になったときに、壊れていく可能性は十分高くなります。これはまだ仮説ですけれども、NPO法人を設立していろいろ活動してみると、どうも脳の一部の機能だけを使って何十年か生き抜いてきたのではないかという高齢の方をよく見かけます。

文明の発達が貢献心を歪めてしまっている？

「大輪の利他の花を咲かせるには、強力な利己的エンジンが必要である」とおっしゃった大橋さん、利他心と芸術について、長年にわたる実践から実感されていることをお話しくださいますか。

●大橋――素面《しらふ》で自分のことを話すのは抵抗がありますが（笑）。実は当初、「協調的世界像の起源と芸術」というタイトルでお話しするように、というご依頼だったのですが、前半の〈起源について〉の内容がふくらみすぎて、後半の〈芸術〉まで語るのは時間的に無理でした。芸術についても語れば長くなるのですが、少しだけ補足します。

表現領域での私の先生は、バリ島の農民のみなさんとアフリカのピグミーさんたちです。特に、アフリカのピグミーさんたちは声のポリフォニーの名人で、その歌を楽譜に起こすと、「ルネッサンス最高の合唱曲」と言われるジョヴァンニ・ダ・パレストリーナの作品の楽譜とほとんど見分けがつきません。

対位法を駆使したパレストリーナの合唱曲は「人類究極のポリフォニー」と言われます。その特徴は、まず、主旋律というものを設定せず、それを専門に唱うパートもありません。三声も四声ものパートが、互いに模倣と変奏の関係にある兄弟のようなそれぞれの旋律を、フレーズの始まりに規則的な時差をもたせて唱い交わしながら、彩り豊かな音の織物を織りなしていきます。このとき、各パートの間の音の高さの関係は基本的に協和音程を取るよう、つまり、フレーズのタイミングの対比とハーモニーの形成とが美しく調和するよう精密に設計されていて、パート間の相互作用により、美しいひびきが醸し出されます。各パート間の関係はどれが「主」でも「従」でもなく完全に平等であり完全に互恵的です。これが、西欧世界で単旋律のグレゴリオ聖歌から進化して、パレストリーナで完成された音楽形式——対

●大橋 力

位法的ポリフォニーです。

ところが、視野を地球規模に拡げて今生きている人類の多様な合唱を観察してみると、人類はどうやら、いきなりこの高度な対位法的ポリフォニースタイルから合唱を唱いはじめたらしいというのが、ピグミーさんの歌を初めて聴いたときの私の驚きでした。楽譜に起こしてみると、パレストリーナの作品そっくりで、しかも、一つのパートをピグミーさんの子ども一人が受けもって、即興的に、やすやすと楽しく唱うのです。つまり、ピグミーさんの子どもたちの音楽能力は、現代社会の職業的な音楽家のレベルに達している。あれだけ音楽の水準が高い民族はないと思うんですね。そこで繰り広げられる対位法的ポリフォニーは、音楽表現という芸術行為の原点が、「個にとっての最適解とシステム全体の最適解が調和的に両立し、ついには同一化する」ところにあるという図式を、鮮やかに描き出しています。まさしく、調和的世界像モデルの典型と言えるでしょう。

もう一つは皆さんよくご存知のバリ島、たとえばケチャは、お互いに貢献し合うことに徹することによってすばらしい音楽・舞踊表現をつくりあげている芸能といえます。ガムランでも、速い演奏だと、ピアノの名手スヴャトスラフ・リヒテル並みのスピードで、それを音楽の専門家でないお百姓さんがやすやすとやってのける。なぜ、そんなことができるかというと、速く弾くとなったらタイム・シェアリング、つまり鍛冶屋さんの槌音のように交代に鍵盤を叩くことで、速度を鮮やかに個人の最高速度の二倍に高めています。それを実現するのは、「阿吽の呼吸」、「以心伝心」が実現するコンビネーション・プレイであるわけです。ちなみに、こういう音楽のやり方の中で快感を繰り返し味わっている人たちが会議をやったらどうなるか。オフライン（指揮系統なし）で全体が有機的につながり、気配で物事が動く〈適当制御〉が成立するでしょう。★01

ピグミーさんやバリ島の祭り仲間の人たちの表現行動を見ていると、貢献心や利他性は、自己犠牲を払い苦痛を忍んでやるサービスではなく、システムの部分の最適解と全体の最適解とを同一化させるという原理に立った、ものごとを最も合理的に〝楽《らく》〟にやってのけるやり方なので、放っておけば全員が自然に利他的にふるまってしまうのだ、と気づかされます。つまり、私たちは文明のせいで歪んでしまった脳の働きのせいで、貢献心・利他の心のもつ合理性から遠ざかっているだけです。もともとは誰もが生まれつき、意識・無意識に貢献する心を働かせ利他的な行動をとるような遺伝子プログラムをもって産まれてくるのだと思います。むしろ、もともと誰もがもっている利他の活性が文明によってどのように歪んだか、という見方をしたほうがよい。

こういう問題に科学的にアプローチする上では、音楽は物理的にいえば一次元の時間構造の上の現象なので、ケチャやガムランのようにその仕組を非常に解明しやすい。人間対人間、お互い同士の協調性をモデル化するのも視覚芸術などに較べてどちらかといえば簡単です。

そういう点に着目すると、協調的表現の産みの親としてわれわれが夢幻《ゆめまぼろし》のごとく追いかけている真のコミュニティをそうではない社会集団と区別する構造・機能★02とは科学的に観てどういうものかという問題について、利他性や貢献心、さらに阿吽の呼吸などが生存戦略としてまだ生きている自然民族の社会や伝統社会などを対象として調べ直すことは、かなり意味がある。その具体的な切り口の例として、協調的世界像と芸術あるいは音楽とのかかわりに注目しようとしたわけです。

●瀬名――上田さんが指摘された、他人の思いやりに気づく、人から受けとったものに対する感謝をロボットにもたせることができるかということに関して、補足します。実際に今回の東日本大震災では、レスキューロボットが少しずつ投入されている段階です。レスキューロボットの研究が実際に稼動し始めたのは一九九五年の阪神・淡路大震災からで、自衛隊の方々がどういうふうに動いたかというのは、かなり当時のことが教訓になっているわけです。私もふくめ、宮城、岩手、福島あたりに住んでいる方たちは、大なり小なり他人の思いやりへの感謝を実感しながら生きている毎日だろうと思います。そういう類の気持ちを自立ロボットがもつようになるかは、非常に面白くて難しい問題です。たぶんロボットの研究者の方、たとえば阪大の浅田稔先生などは、そういう議論をすでにしていらっしゃると思います。

貢献心というものを少しでも表現できるようなロボットができたとすると、次に想定外の大災害や大事故があったときに、何ができるのか、ということをわれわれは今後考えながら生きていくことになりそうです。

文明病としての自己解体＝自死を乗り越えるために

プログラムされた死が利他性を育み、それがむしろ生命の活力になっているという大橋さんのお話に対し、現代社会の高い自殺率をどうお考えになるかと、フロアの佐藤純一さん（国際メタテクノロジー研究所）**から質問をいただきました。**

●大橋――ちょっと扱いにくい問題ですが、この話題についてお答えするにあたって、さきに私の報告の中で述べた〈プログラムされた自己解体〉の仕組がさらに進化してきたという前提を立ててみたいと思います。私は、生命の複雑化＝進化に歩調を合わせて適応の仕組が進化してきたように、自己解体の仕組も進化し複雑化してきたという考え方をもっています。さきに報告した原生動物では、自己解体を起動し制御する司令塔はDNAであり、解体の仕組は加水分解という生化学反応でした。進化した人類の場合、自己解体の司令塔は、脳であり、その出力は生体制御から思考・行動に及ぶ病理だと私は考えています。大胆すぎる仮説の仮説ですが、人類の場合は、情報環境によって脳機能の一部が変調し、心身の病理を招きよせて個体の崩壊を導くというかたちで、脳を司令塔とする仕組にまで進化した自己解体が今、目の前で起こっていると私は考えています。

具体的にいうと、情報環境不適合によって、脳幹、視床、視床下部といった基幹脳の領域の血流が低下し、活性が不全となることでもろもろの生活習慣病や、極端なケースでは自殺などの引金が引かれるという現象です。たとえば視床下部の活動の低下は、ストレスの増大、免疫活性の低下、ホルモン代謝の不具合などに如実に反映されます。脳のいちばん奥の方にある脳幹、視床、視床下部などで構成される基幹脳の不全が、人類の自己解体の引金になっているというこの仮説で現状を見ると、大きな矛盾なく理解できます。

文明社会の中に生きているわれわれは、自分たちが作った人工的な情報環境と本来の脳機能との不適合によって、もともと生存戦略として作られた「効果的な仕組」というべき自己解体メカニズムを盛んに起動させ、志に反して自らの死を招いている。

情報環境不適合による基幹脳の血流低下が誘発するという点で、自殺は癌と同じ〈プログラムされた自己解体〉カテゴリーに入ってくる可能性が高いと思います。この仮説を裏づける材料がすでにたくさん集積していますので、プログラムされた自己解体の進化形として自殺を含む文明病というものを捉え直し現状を克服する道を探ることには、意義があるのではないかと私は考えています。

――自殺の問題は、上田さんも心を痛めていらっしゃいますね。

●上田――はい、私も自殺問題については、「ライフリンク」という自殺を未然に防ぐ活動をしているNPOの代表である清水康之さんと対談したことがあります(『「自殺社会」から「生き心地の良い社会」へ』講談社文庫)。自分が誰かを頼ることによって、貢献とか利他ということを社会に機能させる引金となる可能性がある。たとえばこの社会で、私は生きているのが苦しいということを訴えて、聞いてもらう。それもまた、システムに対する外からの投げかけになるわけです。そういう声を、この社会に投げかけることが、この社会全体の利他性や貢献心というものを上げていくことになると思います。

「そんな苦しいと言われても迷惑だ」とか、このシステムにとって、人間の苦しみなどは役にもたたず生産性や効率を低下させるだけで「あなたの自己責任だから自分で処理しなさい」という在り方自体が、この社会の貢献心というものを非常に低下させている。人に相談されて、その人を助けられたときに、「自分にもこういうことができるのか」と気づくことができる。自分は思いやりがあると自信があるから人を助けるのではなくて、人に何か貢献できたときに、レトロスペクティブに、「あ、こんなに思いやりの心があったんだ」と実感できる。自分に愛する力があると確信しているから人を愛するのではなくて、私がこんなに愛せたっていうことがあって、初めて自分の中にはこんなに愛する力があったんだということに誰でも気づくと思うんですね。そういう意味からすると、この苦しみというものが、個人の中に閉じ込められていて、社会の中に出てこないというのは、大いなる社会的損失で、やはりこの社会のシステムそのものが、非常によろしくないのだと思います。

だから、さっき大橋さんが何回も強調されていたように、滅私奉公ではなくて、活私奉公。活私の活の部分は、苦しみにおいても活なのであって、こういう苦しい自分をまさに滅私していかなければならないという社会システムのほうが間違っている。活私の「私」というのは、いわゆる生命エネルギーのことでもある。苦生命エネルギーというのは喜びと苦しみをコインの表と裏のようにともなう。苦しみというのは生命エネルギーがあればこそ苦しんでいるのであり、その苦しみをちゃんと表出していく社会にしていくということが、実際は社会の活性を高めていくことになるのではないかと思います。

――苦しみや喜びを共有するという点では、大武さんの活動も自殺を未然に防ぐ面がありますね。

●**大武――**問題を解決するのか、問題をつくっている構造を直すのかという意味では、自殺をそもそもしたくなくなるような環境をまずは整えたい。でもそのときに、やはり経済問題は無視できません。心の問題にすりかえるな、というのは大前提です。お金に困ると、生きていくためのさまざまな必需品と交換ができなくなる。そのうえで、社会設計で利他心をうみだすようなデザインが必要だとおっしゃる上田さんに賛成です。借金で、これは死んで返すしかないと早まったり、自分は役立たずで「もうダメだ」と思い詰めたりしてしまう人を出さないような社会にする必要がある。

ただ、貧困撲滅だけではカバーしきれない問題はたくさんありそうです。だから、何を目的として立てて、その結果として狙いたいものを実現するという筋道がすごく重要な気がします。違うところに目的を立てて、みんなで「よし、やろう！」と進んだら、結果として貧困が解決し、自殺者が減る、というようにしていくのがよさそうです。

生命への視点が欠けたデカルト二元論の功罪

――極端な合理主義の問題に関連して谷川さんに小泉英明さん（日立製作所フェロー）から質問です。デカルトは『方法序説』などで、「分析」と「総合」は同等に重要としていて、必ずしも極端な還元主義者ではなかったはずなのに、なぜデカルトの要素還元論のみがこんなにも流布してしまったのだろうかと。

◉谷川――いろいろなテキストを読みますと、デカルトはそんなに極端な合理主義ではない面もありましたし、極端な要素還元主義でもありません。他人への実際の思いやりや、社会、公共への貢献の視点も、ところどころ出てきています。デカルト哲学の大きな図式のほうが現代まで残ってしまい、それが科学との関係、特に生命論やシステム論では問題が生じてしまった。

なぜかという理由はかんたんではないですが、やはり単純化した大き

◉谷川多佳子

な図式のほうが、残りやすく、批判しやすいということもあるからでしょうか。デカルトの思想そのものとデカルト主義を区別するという見方もできますが、デカルト主義についてはすでに一七世紀の終わりから非常に危険な二元論であるという批判が出ています。そういった図式だけが残るようなことは、哲学としてはあまりいいことではないと私は思いつつ、読み直しとか、「こういう解釈もある」ということを本や論文で書いたりもしました。やはり、細部を見ていくとか、大きな図式にはなっていない具体的な諸点や、図式をはみ出る視点、こうしたことが、大きな図式にはなりえなくても、ある水脈をもっている、ということを示していければ、と思っています。

周りの分野の方々からのデカルト批判は、そういう図式的なデカルト主義への批判が多いのですが、しかし確かにそういう面があるので、デカルト批判はおかしいとも言えません。そして現在、過度の合理主義に結びつくような、デカルトの二元論や自然への態度が非常に単純化されて批判の対象になっているのは事実で、その整理は、ケースバイケースで具体的に考えていくしかないと今は考えております。

――生命へのまなざしということではいかがでしょう。

●谷川――デカルトが生きた一七世紀前半では、解剖学や生理学の展開はありましたが、生物学や生命科学がさほど進展していなかったことも彼の自然観や生命観に影響したかもしれません。さきほどお話ししたライプニッツは、デカルトよりも五〇年後に生まれ、一七世紀後半になると顕微鏡の精度も上がり、生物学や生命体の詳細、それから変態とか、精子や卵子、胚なども研究されて明らかになってくる。そういった実際の科学的な観察技術の発展と知見も自然観に影響したと思います。デカルトは五〇年早かったことで、ライプニッツと比べると損をしているかもしれません。

――小泉さんからはもう一点、「ライプニッツとニュートンの論争において最も本質的な違いはどこにあるのでしょう？」という質問です。

●谷川――まず空間ですが、ニュートンにとっては実在的絶対存在であり、自然学的に自明なものとするのに対して、ライプニッツにとって空間は、精神が関係の概念を摘用する一定の秩序であり、いわばわれわれの表象する対象の形式とも言えます。それから講演の後、長谷川さんとも話したのですが、ライプニッツには人間的にも学問的にも開かれている面があること、それに伴って科学的探究においても単純なものにも多様性を認めていくような傾向があります。ニュートンはデカルトに近くて、自分の体系をしっかり立てて、自分なりの方法をつらぬいて成功する、そういった点で二人は対照的でしょう。人間性も学問的な方法論も正反対と言っていいかもしれません。

――**会場にライプニッツとニュートン**（の代弁者クラーク）**の論争を訳された佐々木能章さんがおいでになりますので、一言お願い致します。**

●佐々木――ライプニッツもニュートンも自然現象を単純な法則で理解するというところは共通していますが、その法則で描かれる自然の理解が違うと思います。ニュートンの場合には自然そのものが単純であると考えていたのに対し、ライプニッツの場合は単純な法則で描かれる自然それ自体は多様なものである。言い換えれば、法則の単純性は自然の多様性を保障するようなものでなければならないというものです。そこがニュートンと決定的に違うかなと思います。他にも細かい違いはいろいろありますが、自然を理解するときに、多様性を考慮するかしないかの差がいちばん大きいと思います。そういった意味では、谷川さんのおっしゃるとおり、ニュートンはデカルトに近いと思います。

――さきほど休憩時間に長谷川さんがニュートンとライプニッツを対比して話されていたので、披露いただけますか。

●長谷川――私は、ニュートンがどういう生涯を送って、何を言って、どういう手紙を書いたとかをいろいろ調べてみて、彼は他者の心を深く慮るタイプの人ではないのではないかと秘かに思っております。

ライプニッツとダーウィンは絶対そうじゃないと思うんです。つまり、他者とか他人の立場やさまざまなことを、全部総合的に考えられる学者と、そうではないけれど非常にある面が鋭い学者と、二種類のタイプがいる。

私自身は、もちろんライプニッツやダーウィンが好みのタイプです。

――もう一点、谷川さんへ津崎良典さん（日本学術振興会）からの質問です。デカルトのコギトやライプニッツのモナドは、一見「利己」を代表する概念と思われているが、大橋さんのように「利己と利他の二項対立を疑ってみよう」という視点で再考することは可能でしょうか？

●谷川――デカルトの『方法序説』に、最も大きな悪徳をなす力をもつ魂は、最も大きな美徳をなす力をもつ、とあります。利己と利他は、場合によっては表裏一体かもしれませんし、あるいは、現われや、現実的な活用の差異による、と見ることもできます。ライプニッツのモナドは、互いに映し込み、ある意味でつながりあっているのですから、全体で一つの宇宙という考え方になるでしょう。現代のレヴィナスという哲学者は、デカルトの無限の神と有限の私を、他者と私を考えるモデルにして、外部から到来する他者が私を私として構成する、外部から到来する他者との関係そのものが倫理であると言っています。

大橋さんが今日お話しされた問題とイメージは、具体的なさまざまな哲学で、再考していけるのではないでしょうか。進化、文明、解体……など、いくつかの考察の角度が必要になるでしょうが、哲学や哲学史にとっても魅力的なテーマだと思います。

塩尻和子さん（東京国際大学）**から谷川さんへの質問です。イスラームにもライプニッツより九〇〇年ほど前に神の創造世界を説明するため、独自の原子論が発達しました。イスラーム思想がデカルトやライプニッツの世界観に影響を及ぼしていることはあるのでしょうか。ギリシア思想を介して、イスラーム思想とヨーロッパ思想には関連性があると思いますが、いまだに思想史的な研究は十分には行われておりませんが、谷川先生は、相互の影響について、どのようにお考えでしょ**

うか。

●谷川――難しく大きな質問なのでかんたんにはお答えできませんが、神の創造の問題、それから自然が、神、人間と基本的に区別されていくことなど、根底には共通の問題もあります。ライプニッツには、アヴェロエスへの言及が若干ありますが、本格的にイスラームにふれたものはなく、当時のラテン・アヴェロエス主義の背景があった程度だと思います。ただ最近、ヨーロッパ中世哲学へのイスラーム哲学の影響が解明されつつありますので、デカルトを超えて中世哲学とのつながりを多面的にもつライプニッツに、何らかのつながりが見出されるのも夢でないかもしれません。デカルトについては、コギト・エルゴ・スムの先駆が、アヴィセンナのいう、空中浮遊の自我(身体感覚をもたない自我)にもある、という説がありました。それから原子論となると、古代ギリシアのエピクロスなどが著名ですが、エピクロス主義は一七世紀に復活します。モナドは、原子(アトム)とは違い、モナスという、ギリシア語で一を意味する語monosに由来します。本来は一なるものという意味です。ライプニッツのモナドは、精神的実体で、実体的形相、エンテレケイア、形而上学的点といわれるものに等しく、『モナドロジー』では、部分をもたない単純な実体で、物質的でなく、精神的と説明されています。したがって、当時復活した原子論とは対立する立場にありました。

ロボット研究の側から見た人間の心

――ロボット学から逆に人間の生き方や人間そのものの本質について見えてくること、あるいはロボット学の可能性について、大武さん、瀬名さんにお話しいただけますか。

●大武――さきほど思いやりと思いとか、心遣いと心という瀬名さんのお話がありましたが、人間も本当はもしかすると、やってから思う生物かもしれません。最近の脳科学では、やってから、「そうか」と後から気づくケースが明らかにされているので、まずは思いよりも思いやりをロボットに詰め込もうというのが私の戦略です。

今は、人間の司会者が目の前の人になんとか話してもらおうと、必死で編み出した言葉を全部文字化していて、それをロボットに入れるという取り組みをしています。そうすると一人ひとりが頑張った、その人のいちばんいい言葉をロボットにぎっしり入れることができます。さきほど環境の中で学習しながら育つロボットというお話がありましたが、人間が書き込むのでもかまわないので、思いやりの言葉をまずは詰め込む。思いは後からついてきたらいいなという考えです。そういう設計にしようというのは、技術的にそれがいちばん早いということもありますし、実用的でもあります。集合知を詰め込めるという意味で、人間を超えられる。人間ですと、この人はこの語彙をもって、あの人はあの語彙をもってとなりますが、ロボットならどちらも入れられる。そういうふうにできるなと考えています。この点、瀬名さんはいかがでしょうか。

●瀬名——たとえば今回の震災のこととか考えますと、刻々と欲しいものって変わりますし、お互いの気遣いのあり方も変わりますよね。さきほど、ロボットには時間がないというお話でしたが、最初のうちは思いやりの中でも、たとえば人間同士でもただ抱きしめてあげるとか、ただ側にいてあげることが非常に重要なこともあります。今だと、アザラシの形をした「パロ」というロボットが被災地に行っています。お風呂に入れないストレスも大きくて、お風呂に入るというのはお湯

●瀬名秀明

にゆっくり浸かるという意味で、水と私たちの根源的なつながりも含めて、うまく身体と応答できるようなロボットみたいなものができれば、被災地の方にも非常に良かったかもしれない。だんだん一週間二週間経って、ようやく電気も戻った、水道も復活したというときに、それらを糧にしながら何かできるロボットはないだろうか、といろいろ考えることができる。そういう時間をずっと一緒に過ごして学習して実践してくれるロボットが、被災地に一台でも二台でもいれば非常に良い。

もう一つは刻々と変わる状況に関して、それぞれに最適化したようなものをロボットとして提供する道もある。それは人間の形でなくても、ペットらしくなくてもいい。流動的な人間のニーズに合うものであればいい。ロボットは自由な形を取りうるので、工学の方々が流動するニーズを思いやって、既成概念に捕われずに設計できるかということにも関わってくる。こちらのほうが実現性は高いので、今回の震災で明らかになったさまざまなニーズを解決するロボットを、五年から一〇年後くらいに実用化していただけるといいんじゃないかなと思います。

――フロアから合原一幸さん、いかがでしょうか？

●合原――ロボットと思いやりの心というテーマの前提として、心というものをどう理解するかが気になります。心というのは貢献心よりも一般的な概念で、短時間には論じきれないでしょうが、たとえばヒトに心があるとして、単細胞からだんだん進化していったときにどのような生物から心が存在するのか、人工物が心をもつことはできるのか、脳死状態では心がなくなるのか等々、多様な方面からのアプローチがありえます。認知症という問題も、心のありようが変わってくるわけですよね。それから、宗教と心の関係もすごく重要な論点で、たとえば上座仏教ではまさに正面から心と向き合ってきたという歴史があります。そういう意味で、今日のテーマを心にまで広げたときに、どういう話になるのか、たいへん興味があります。

――さらに根源的な問題提起をいただきました。どなたか、お答えください。

●大橋――今日の私のシナリオは、協調的世界像や利他性は、脳をもたず心のない原始的な地球生命の段階ですでに確立していた。言い換えれば「貢献する心は膨大な貢献する事象の後からついて出てきた」というものです。地球生命ではもともと、他者に対して見事に貢献する利他のDNA――つまり、部分の最適解と全体の最適解とを調和させるプログラムを獲得した利他的な種だけが生き延びた、したがって現存する地球生命は、すべて、利他的遺伝子をもっている、時が至れば例外なく土に還る死の普遍性がその証《あかし》だ、という認識が、いわば私の信仰告白です。そういうことからすると、まずは一つ、「心が決め手だから、心をなんとかして協調的世界像を実現しなければ」と思い詰めないほうがいいだろうということがあります。つまり、文明がかぶせた利己一辺倒のメッキをはがし取れば、利他をもった地金が現れる、という考え方です。

もう一つは、利己の優越を信じる方にはたいへん失礼な言い方をしますので懇親会で袋だたきにしていただいていいんですけれども（笑）、今述べた理由で、人類の心のデフォルトはものすごく良い、ということが私の信念です。仲間たちと一緒にアフリカに行って、実際に狩猟採集民のピグミーさんと一緒に生活してみた経験からの結論です。要するに、文明がそのデフォルトを見事にぶっ壊した。そういう意味で、一つの仮説として、人類のデフォルトはOKというパラダイムを素直に立ててみたらどうですか、と申しあげたい。そうすればゴールは原点にあったことになる。人類はもともとすごく良いものだからなんとかなる、という仮説から出発できるわけですから、あまり暗い話にはならず、自信をもてます。そのわかりやすい材料は、たとえば私たちが芸能山城組でも実践してきた、バリ島のケチャやガムランのような協調型パフォーミング・アーツの中にあります。大事なことは、そうした芸能の実際の行動を立ち上げ駆動する上で、貢献しようとか役に立とうという心の働きは、ほとんど無視できるほど小さい。そうではなく、ご飯を食べるような感じ、まさに自然体でそういう協調的状態がいつの間にか実現しているという実態を無視しないことがむしろ有効だと思います。

●長谷川――さきほど大武さんが、私が人間は一人では生きていけないと言ったことに対し、身の回りのことはやっぱり一人でできなくちゃと言われたのは、次元のちがう話が短絡されています。身の回りのことは一人でできて当然だけど、まったく一人だけですべての人間の要求を満たしていけるような単独性の動物ではないということです。特に人間は、単に食べていくということだけでも、多くの人たちの共同作業によって初めて食べていけるわけです。チンパンジーもニホンザルも群れをつくっていますけど、群れをつくっているのは理由があるからで、その一人ひとり、一匹一匹はみんな自分で食べているんですよね。自分で餌をもぎとって食べればいいので、周りと共同作業をしなければエサをとれないということはない。ライオンとかも共同ハンティングをしますけど、より効率的にとるにはみんなで一緒にやったほうがいいからで、基本的には個人ハンティングもできます。本当に個人個人が独立して単独で生きていくことが絶対にできないのが人間なんですが、大橋さんのおっしゃるとおり、それを文明が壊してきた。文明というのは、一人の人間が食べて生きていくことのすべての仕事をそれぞれ分割して、分業化して、特殊化して、そのスポットにだけ入るような人たちを大勢つくって、必要なコトやモノはお金で交換するということにした。だからお金さえあれば、なんか自分が一人で生きているような気がする。しかし、いったんお金がなくなると、「あ、私は何もできないんだ」とわかる。だからこそお金が非常に必要になり、お金がすべてであるかのように見えてしまう。お金は自分が地に足をつけて生きていくのに必要な仕事を細分化して、そこの間を貨幣経済で流通させることによって、生きることの本質を見失わせているのだと思います。

それで、デフォルトが良いというのは、人間は生き物として独力で生きていくことができず、大人になったときに複雑な共同作業をしなければいけないので、赤ちゃんのときから、他者の心を読もうとして、他者と同じ感覚をもとうとして、同じことを喜びと感じたりするようにできている。そのような良い装置（デフォルト）が最初にあって、文化・文明というのは、それを刈り込んでしまうものだと思います。大人になると、私たちは困っている人がいても、電車の中で「あ、それはですね」って近寄らず、なんとなく遠慮してしまう。だけど実験室の赤ちゃんがすぐに扉を開けてあげるのは、そういう抑制がかかっていないからです。抑制がかからなければ、なんでも人のためにしちゃうと思うんです。人のためだと思っていないのに、人のためにする。それを、なんでも他人にお節介をしてはいけませんというように教育と文化が摘んでいって、最終的に普通の抑制のある人間にする。その抑制のかけ方、摘み方を間違えると、何もしない、とても利己的な人間を作っちゃったり、人の不幸なんか見たくないという人間を作っちゃったりするんだと思います。

●上田——私は今日相当暗めの話をしているので、最後に明るい展望を開いておきましょう。心というのはやはり基本的には外界との関係性の中にある。また、心は何かとてもポジティブなエネルギーを出しているとともに、何を不安に思っているかということで形成されている。あまりに古典的で、今は否定されているものでもありますが、たとえばマズローの欲求の段階説なども、生理的欲求があって、安全の欲求があって、承認の欲求があって、尊厳の欲求から自己実現の欲求にいく。日本の場合は承認の欲求というところにエネルギーが無茶苦茶とられすぎていて、みんなが言いたいことも言えないということになっています。

ただ、今回の震災があって、相当変化したといえる一つの例を申しあげましょう。私はずっと日本型の空気の研究というか、自分の意見を言わない抑圧の体系みたいなことを本でも書いていますし、東工大の二〇〇人ぐらいの一般教養の授業でもビデオを見せたりしています。ある会社から廃液が流れていて、下流で病気が起こっているのに、そのことを誰も何も話さない、内部告発しないというビデオを見せた後で、「さあ、皆さんだったらどうしますか」と聞く。名前を出して内部告発、名前を出さないでどこかにチクって内部告発、これは内部告発とは言わないけれど、どこかにリーク。三番目は何もしない。これは二〇〇六年くらいがいちばんひどくて、名前を出して内部告発は二〇〇人の中で三人ぐらい。名前を出さないで

●上田紀行

どこかにリークが一五人くらい。残りの一八〇人くらいは何もしない、となりました。それがじりじりと告発組が増えてきて、震災後の六月に聞いたら、名前を出して内部告発が三〇人くらい。名前を出さないでリークが一〇〇人くらい。そして何もしないが七〇人くらいと逆転しました。つまり、不安の対象が、会社の中で後ろ指さされたり負け組に転落したりということではなく、正しいことは正しいと言わないと、社会を悪くするということに広がった。自分がリスクをとっても大きな正しさには体を張るという子が、目の前の危険を突きつけられて、増えたんですね。周りの人たちから仲間はずれにされる不安が、大きな貢献や利他にいたる性向を、いかに阻んでいたことか。それも今は流れが変わりつつあるということを申しあげたいと思います。

もう一つ、ここにいらっしゃる方は、私もそうだったけど、自殺したいとか死にたいとか鬱病になりそうな方も多いかもしれない。貢献や利他のシンポジウムに来る人は、そもそも臑《すね》に疵《きず》のある人が多い(笑)。さきほどのライフリンクという名前を思い出してください、清水康之さんがやっているライフリンクのホームページにいくと、ライフリンク・データベースというのがあります。たとえば私は大田区に住んでいますが、「大田区・生きるのがつらい」と選択して検索すると、大田区で死にたくなったときに助けてくれる場所がバーッと出てきます。「大田区、リストラにあった」を選んで検索すると、大田区でリストラにあって困ったときに、どういうところが相談に乗って助けてくれるか出てきます。それを僕はひととおりやってみた。そしたら、「なーんだ、こんな世知辛い世の中でも、俺を助けようという人たちがこんなにいるんだ」と知っただけで落ち着く。千手観音のように千の手があってみんなを助けてくれる。リストラされて、転落したら終わりだと思っていたけれど、金がなくなったら、鬱病になりそうになったら、こんなに助けてくれる場所があるんだとわかったら、すごく不安が軽減された。じゃあ、僕も不安から行動するんじゃなくて、何かやろうという気になりました。ここにいらっしゃる方も、そのデータベースにいって、「武蔵野市、腹が減った」とか。「腹が減った」はなかったと思うけど(笑)、「心の悩み」とかを選択して検索すると出てきます。だから、社会の中での安心感全体を高めていって、われわれが良い部分、貢献できる部分を出していけるような方向になっていくと、われわれの心も必然的に変わっていくのではないかと思います。

——上田さんに加藤史織さん（慶應義塾大学）からの質問です。第三の敗戦で心がクラッシュした責任は大人にあるということですが、今後大人たちは子どもたちをどう教育すれば良いとお考えですか？

●上田——われわれ大人が何をやるかが大切です。大人がビビりきって、自分の保身だけに走っているというのを子どもは敏感に見ているわけですよね。これを言うと語弊があるかもしれませんが、私の上の世代の団塊の世代の人たちは、ものすごい人口圧の中に育っていて、人しか見えない。だからその世代の政治家は、多数派工作ばかりやって、いかに多数を形成するかしか考えていない。それですべてが政局になってしまう。人しか見えず、その向こう側にある思いとかを見せてくれなかったことが、この社会の大きな損失で、そして今も国会などを見ていても、あらゆる機会を捉えて自分の勢力を増やしていこうということばかりやっている。大人のわれわれを動かしているものが、数を増やすとか利益を増やすとか昇進であるとか、あまりにも自明のものではなく、もっと大きな流れに突き動かされているというところを見せていかなければいけないと思うんですね。

あと、将来世代ということからすれば、五〇歳くらいまで幸せに生きていたら、残りの三〇年くらいは次の世代のために使いなさい、あんたもう幸せなんだからって思います。ところが最後の最後まで自分だけの幸せを欲して、最後には勲章が欲しいとかっていって、六〇歳、七〇歳になっても首相になりたいとしがみついている。人生の後半になって、ここまで生きて幸せになっているなら、私の余生は次の世代のために使いますよって啖呵を切って生きることが重要だと思います。年長世代が自分たちの子ども世代のために行動しているという姿を見て育った子どもたちは、必ずやその体験に支えられ、そして貢献心を自然に体得していくと思うのです。

そして最後の教育はさっきの大橋さんのお話からすると、死ということですね。人生って誰でも死ぬっていう最後のステージが用意されていて、そこでどのように死んでいくかということがアートなんじゃないかなと、僕は思っています。それが何か暗いもので、嘆き悲しみながら死んでいくほかないのか。あるいはその死のときに、ほかの人に援助してもらって、ほかの方からの貢献に感謝しながら死んでいくのもすごくいい死に方だと思います。……まあ今、近くの病院のホスピスに私の母親が入っていて、もうあと何日かみたいな状態なんですが。去年一年間、在宅で看護をして、青春期のときには「馬鹿野郎」とか「こいつのおかげで俺は不幸なんだ」とか思っていた相手が弱っていく毎日を共にしました。とうとう救急車で担ぎ込まれて転院して、ホスピスに行ってから何日か経ったという状態です。母は翻訳者として自立した女性でしたが、今は地位が逆転して、いつの間にかこんなに弱って援助が必要なところを見せながら死んでいく。それに立ち会わせてもらえたのは、とても有り難いし、親不孝な子どもだったけど最後に少しは親孝行させてもらえて良かったなと思います。人間すべからく人に迷惑をかけながら死ぬ。これで「どうもありがとう」と言いながら死んだりできるステージもあるので、やはり人間の死に方も重要です。年長世代は自分のためだけを考えるんじゃなくて、ある年代からは将来世代のために生き、そして人生の最期にはほかの人の貢献心を引き出すために、次の世代にケアされながら死ぬのが自分にとっても社会にとってもいちばん幸せじゃないかなと思いますね。

――最後に加藤尚武さん（ホモコントリビューエンス研究所所長）**のコメントをいただいて、終わりたいと思います。**

●加藤――貢献心の研究をやりましょうと言われてまず私が考えたことは、近代に入って非常に強くなった個体主義という学問の方法論についての反省でした。貢献心とはおよそかけ離れたエゴイズムだとか自立心だとか独立心だとか、そういうものばかりに焦点があてられすぎた。それから同時に個人主義という、生き方としての主張が強かったことが、ある意味で貢献心とか、人間が本来的にもっている他者へのかかわりをぼかすような役割をずっと果たしてきた。方法論としての個体主義と人生観としての個人主義の重なり合いが人間の本性としての他者とのかかわりを見えにくくしていました。そういう思想的な文脈をもういっぺん解きほぐして、よじれたものを、よじれる前の状態に戻していくことが哲学者としての私の課題なのかなと思っていました。

しかし今日のお話のように、ロボットの話だとか、大橋さんのピグミーのポリフォニーの話とかが出てくると、方法論の枠の中に閉じこめられたものとはまったく違う、新しい他者関係というものがどんどん見えてくるようになっていて、ここに私たちが次の世代の社会科学や人文科学、あるいはさまざまな人間関係を扱うものの考え方についての、新しい枠組を作っていく基盤ができたのではないかと思っております。これから先、こうしたことをもう少し他ジャンルでも応用しやすくするとか、さらにいろいろなアイデアの出口を作っていただくとか、工夫しだいでいくらでも広がる可能性が見えてきました。書かれたものの集まりとして質の良いものを残すだけでなく、生きたアイデアとして自己増殖的にひろがっていく「コントリビューエンス思考」が発信されるだろうと思います。それで滝久雄さん（ホモコントリビューエンス研究所代表理事・会長）から与えられた宿題は、たぶん数年のうちにできるんじゃないかなと思っております。

――**まとめの言葉としても、将来の指針を示していただきました。本日はありがとうございました。**

★01――大橋力『科学』Vol.80, No.1, 34–40, 岩波書店、2010年
★02――大橋力『科学』Vol.79, No.7, 724–730, 岩波書店、2009年
大橋力『科学』Vol.79, No.10, 1078–1084, 岩波書店、2009年
大橋力『科学』Vol.80, No.10, 982–988, 岩波書店、2010年

おわりに

「非情の惑星、地球」――一九三〇年代にこの言葉を残したのは、リトアニア出身の詩人ミローシュだったと思う。現在の日本の深刻な状況のなかで、このシンポジウムを通して見えてきたものは、ジャンルや方法論の違いを超えて、ヒトが助け合い貢献し合う心の、起源、あり方、つながり、互恵であろう。愛、慈愛、慈悲の起源とその連鎖・関係性・縁起、人間のエンパシーの能力とロボットの思いやり、私たちの視点をつなげて拡げ、交流と発見をもたらす共想法、ライプニッツのモナド、ヒトの協力的知能の発達と互いの心的イメージの共有、利己的不死の生命から進化した利他的有死の生命の繁栄……等々。それぞれの具体的な仕事をふまえて、多様なテーマの展開と貴重な問題提示があった。そしてそこで見いだされた基調のイメージは、「利他の惑星、地球」であろう。

昨年七月一六日に東京の国際文化会館で行われたこのシンポジウムは、一般財団法人ホモコントリビューエンス研究所の共催により開催され、本書の出版は同研究所の助成によるものである。シンポジウムで得られた成果が、人間の持つ貢献心を多角的に解明していくための一助となることを願ってやまない。

二〇一二年一月　　谷川多佳子

【著者プロフィール】

上田紀行［うえだ・のりゆき］

●東京工業大学リベラルアーツセンター教授。価値システム専攻。スリランカで「悪魔払い」のフィールドワークを行ない、文化人類学の観点から「癒し」に関する研究をすすめる。また日本仏教再生に向けて、「仏教ルネッサンス塾」塾長や、宗派を超えた若手僧侶の討論の場「ボーズ・ビー・アンビシャス」のアドバイザーとしても活躍。東日本大震災後も、メディアでアクチュアルな提言を重ねている。著書に『がんばれ仏教！』『目覚めよ仏教！―ダライ・ラマとの対話』（NHKブックス）、『生きる意味』（岩波新書）、『かけがえのない人間』（講談社現代新書）、『慈悲の怒り―震災後を生きる心のマネジメント』（朝日新聞出版）ほか。

瀬名秀明［せな・ひであき］

●作家。東北大学大学院薬学研究科在学中の作品『パラサイト・イヴ』（日本ホラー小説大賞受賞、新潮文庫）で作家デビュー。『BRAIN VALLEY』『八月の博物館』『デカルトの密室』（新潮文庫）、『ハル』（文春文庫）、『希望』（ハヤカワ文庫JA）などの小説のほか、エッセイ集『おとぎの国の科学』（晶文社）、『世界一敷居が低い最新医学教室』（ポプラ社）やノンフィクションでも幅広く執筆活動を展開。とくにロボットにおいては研究最前線を並走し、『ロボット21世紀』（文春新書）、『瀬名秀明ロボット学論集』（勁草書房）、『ロボットとの付き合い方、おしえます。』（河出書房新社）などを上梓する。最近では藤子・F・不二雄の漫画を原作とする『小説版ドラえもん　のび太と鉄人兵団』（小学館）を刊行し、子どもとロボットに育まれる思いやりの心をいきいきと描く。

大武美保子［おおたけ・みほこ］

●東京大学人工物工学研究センター サービス工学研究部門准教授。「機械は固いもの」という既成概念を覆す「ゲルロボット」の開発にはじまり、工学と生命科学、医学、脳科学、情報学、計算機科学などの融合領域の研究テーマを開拓し続ける。2008年には実践研究のためのNPO法人「ほのぼの研究所」を設立し、代表理事・所長として、自ら開発した「ふれあい共想法」による市民参加形の認知予防サービスを柏市を起点に各地で展開している。著書に『Electroactive Polymer Gel Robots - Modelling and Control of Artificial Muscles』（Springer-Verlag）、『介護に役立つ共想法―認知症の予防と回復のための新しいコミュニケーション』（中央法規出版）。

谷川多佳子［たにがわ・たかこ］

●筑波大学人文社会系教授。ホモコントリビューエンス研究所副所長。哲学・思想専攻。パリでデカルト、ライプニッツを中心に近代哲学を形成する思想・言語・イメージのダイナミズムを研究。現代哲学や日本思想の研究者はもとより、J＝M・シャルコーにはじまる精神医学や美術、脳科学などをリードする研究者との交流により、新たな人間像、思想の可能性をさぐっている。著書に『デカルト研究―理性の境界と周縁』『デカルト『方法序説』を読む』（岩波書店）、『主体と空間の表象――砂漠・エクリチュール・魂』（法政大学出版局）、訳書にR・デカルト『方法序説』『情念論』（岩波文庫）、G・W・ライプニッツ『人間知性新論』（共訳・工作舎）ほか。

長谷川眞理子〔はせがわ・まりこ〕

●総合研究大学院大学先導科学研究科長・教授。日本人間行動進化学会会長。タンザニアの野生チンパンジー、イギリスのダマジカ、スリランカのクジャクなどのメスによるパートナー選びの生態を研究。これらのフィールドワークを背景にして進化生物学、行動生態学の視点から、人間の本性の進化的研究を推進。性淘汰(選択)や利他行動など、いわゆる「最適者生存」や「弱肉強食」というような通俗化したダーウィニズムでは捉えられない進化の過程に光をあてる。著書に『クジャクの雄はなぜ美しい?』(紀伊國屋書店)、『ダーウィンの足跡を訪ねて』(集英社新書)、訳書にH・クローニン『性選択と利他行動』(工作舎)、C・ダーウィン『人間の進化と性淘汰』(文一総合出版)ほか。

大橋力〔おおはし・つとむ〕

●文明科学研究所所長。国際科学振興財団主席研究員。科学者として、音響学、生命科学、脳科学、生態人類学などの超領域研究をすすめている。情報環境学を体系化しハイパーソニック・エフェクトを発見して中山賞大賞を受賞。芸術家として、山城祥二の名で芸能山城組を主宰。作曲、指揮、演出、制作などを通して、「自我表現」の限界を超える共同体としての芸術表現を展開する。著書に『情報環境学』(朝倉書店)、『音と文明―音の環境学ことはじめ』(岩波書店)、『脳科学と芸術』(共著、工作舎)など。CD／LP14タイトルなど作品多数。「芸能山城組ライブ」でレコード大賞企画賞、映画「AKIRA」の音楽で日本アニメ大賞最優秀音楽賞など受賞。インドネシア・バリ州政府のダルマ・クスマ勲章(文化勲章)を受章。

貢献する心――ヒトはなぜ助け合うのか

発行日――二〇二一年二月一〇日
著者――上田紀行＋瀬名秀明＋大武美保子＋谷川多佳子＋長谷川眞理子＋大橋力
編集――堤靖彦＋葛生知栄
エディトリアル・デザイン――宮城安総＋佐藤ちひろ
印刷・製本――株式会社精興社
発行者――十川治江
発行――工作舎　editorial corporation for human becoming
〒169-0072　東京都新宿区大久保2-4-12 新宿ラムダックスビル12F
phone: 03-5155-8940　fax: 03-5155-8941
URL: http://www.kousakusha.co.jp　e-mail: saturn@kousakusha.co.jp
ISBN978-4-87502-442-2

本書は、一般財団法人ホモコントリビューエンス研究所の研究助成を受けました。
ホモコントリビューエンス研究所は、加藤尚武研究所長のもと、
人間の本能としての「貢献心」に光をあて、多角的に研究を推進する一般財団法人です。